FEDERICO PAMPANA

AZIENDA IDEALE

Come Lanciare (o Rilanciare)
La Tua Attività Anche Senza Soldi
Col Metodo VICS

Titolo

"AZIENDA IDEALE"

Autore

Federico Pampana

Editore

Bruno Editore

Sito internet

http://www.brunoeditore.it

Sommario

Introduzione

Hai un'idea che pensi possa trasformarsi in un'attività imprenditoriale per il tuo futuro? Stai leggendo il libro giusto. Il mio fine è, infatti, proprio quello di presentarti un manuale che accompagni il tuo progetto per renderlo una start up, o un'azienda rinnovata qualora tu sia già un imprenditore, con possibilità di crescita da zero a infinito. Mi spiego meglio.

Sono Federico Pampana, Dottore Commercialista iscritto all'Ordine dei Dottori Commercialisti ed Esperti Contabili di Roma dal 28 aprile 2014 e Revisore Legale dal 19 febbraio 2015.

In pratica, a soli venticinque anni avevo già completato il percorso accademico necessario per svolgere in totale autonomia la mia professione, tanto da essere, al momento della mia iscrizione, fra i tre commercialisti più giovani dell'Ordine Territoriale di Roma.

Riconoscimento che mi ha permesso di accedere di diritto al Congresso mondiale dei Dottori Commercialisti e degli Esperti Contabili tenutosi a Roma dal 10 al 13 novembre 2014.

È stato quello uno dei primi passaggi chiave della mia giovane ma intensa carriera in quanto il confronto con i miei colleghi di tutto il mondo mi ha dato la possibilità di iniziare a interrogarmi se il ruolo del commercialista, così come interpretato dalla maggior parte dei miei colleghi nazionali, sia veramente quello che incontra le necessità di chi fa impresa nel nostro Paese.

Entriamo, però, nel dettaglio della mia storia professionale senza dilungarci troppo. Una volta ottenuta l'abilitazione all'esercizio della professione con i passaggi appena indicati, ho proseguito per qualche anno il percorso lavorativo presso lo studio che mi aveva accompagnato e ottimamente formato nel tirocinio obbligatorio, salvo poi intraprendere la mia strada totalmente autonoma finalizzata a collocarmi nel ruolo di Commercialista che opera quotidianamente al fianco dell'azienda sua cliente per guidarla in un percorso di costante crescita, senza limitarmi agli aspetti esclusivamente contabili e fiscali.

Ed è questa, a mio parere, la chiave di volta del ruolo che il Commercialista deve obbligatoriamente rivestire nella società attuale: non un semplice burocrate che registra le fatture e calcola le imposte (per quello basterebbe avere un minimo di impostazione ragionieristica.

E allora, perché fare tanta fatica seguendo il percorso di studi non certo scevro da ostacoli che ti ho appena segnalato? Perché sbattersi qua e là nei meandri amministrativi dell'università italiana?) bensì una vera e propria figura consulenziale che affianchi l'imprenditore, sicuramente nell'aspetto contabile e fiscale con la maggior qualità possibile, ma anche nell'ambito dell'ottimizzazione e della pianificazione fiscale nonché in quelli, troppo spesso tralasciato dai colleghi più "tradizionalisti", dell'organizzazione aziendale e del reperimento dei fondi necessari prima ad avviare, e poi a far crescere, un'azienda.

Naturalmente non posso portare a termine questa missione da solo ed è per questo che nell'ultimo anno ho strutturato un team di persone di estrema competenza e fiducia che costituiscono la squadra che metto a disposizione di chiunque desideri trasformare il proprio progetto in un business di successo.

Ma non voglio tediarti oltre con la descrizione del mio curriculum, preferisco farti entrare subito nel mood di questo lavoro editoriale: cosa c'è in questo libro? Perché l'ho scritto?

Ebbene questo libro contiene, per filo e per segno, tutti i passaggi che ti permetteranno di "mettere a terra", realizzare, tramutare in realtà quel qualcosa che da tanto tempo ti ronza in testa ma che non hai mai concretizzato perché hai paura di perdere quei pochi risparmi che hai messo da parte, perché pensi di non avere le caratteristiche giuste per diventare imprenditore, perché non sai dove trovare i soldi necessari.

Beh, ti dico una cosa che ti farà sobbalzare sulla sedia… dedicandomi poco del tuo prezioso tempo e arrivando sino alla fine del libro troverai le soluzioni per superare questi ostacoli e mettere in moto quello che hai sempre sognato di fare.

Ecco la motivazione per cui ho scritto questo volume: perché spesso ho riscontrato nel mio percorso professionale che persone brillanti come te, con un'idea brillante come la tua, potenziali imprenditori di successo come potresti essere tu, si sono scoraggiati in partenza perché magari mal consigliati o perché, proprio nel momento in cui stavano pensando di intraprendere il proprio percorso, non hanno avuto gli strumenti giusti per affrontare le loro legittime preoccupazioni.

Attenzione, non ti sto dicendo che sarà una passeggiata e che tutti dal nulla possiamo diventare grandi imprenditori; sarei ingiusto con me stesso ma soprattutto creerei false speranze nei tuoi confronti.

Voglio solo comunicarti che, se hai un progetto che ritieni valido o un sogno da inseguire, proseguendo nella lettura avrai a tua disposizione un metodo concreto e dettagliato per arrivare a costruire un'azienda snella, moderna e soprattutto remunerativa.

Non è un caso che questa possibilità arrivi proprio in questo momento storico; il contesto attuale, infatti, ha portato al modificarsi di quello che, fino a qualche decennio fa, era il concetto di posto fisso e a una sempre crescente flessibilità del mercato del lavoro.

È proprio adesso, quindi, che il cosiddetto investimento su te stesso diventa una grande opportunità per collocarsi, o, magari, ricollocarsi nel mercato odierno.

Da questa situazione si evidenzia il ruolo centrale delle start up che sempre di più saranno il motore del sistema economico dei prossimi anni; e quando è in atto un cambiamento è fondamentale il timing nel rendersene conto.

Questo per dirti che se finora magari sei sempre stato un dipendente, più o meno precario, ma pensi di avere per le mani un progetto o un'idea sulla quale valga la pena puntare, fallo subito!

Aspettare non porta a nulla, se non ad esporsi al rischio che magari qualcun altro possa occupare una fetta di mercato a oggi libera e aggredibile; e a quel punto ti troverai a mangiarti le mani, a dire "accidenti, quell'idea l'avevo avuta anche io, se solo ci avessi puntato ora non sarei con un pugno di mosche in mano!".

E questo vale sia se sei una persona ancora al di fuori dell'imprenditoria perché magari, come ti dicevo, vieni da una storia da dipendente, o devi ancora entrare nel mondo del lavoro, sia se sei già un imprenditore ma vuoi dare una svolta alla tua azienda da troppo tempo ormai fossilizzata su un modello di lavoro o su un settore che inizi a ritenere obsoleto o comunque non sufficientemente remunerativo.

Prima di lasciarti ai capitoli che sono il vero e proprio nucleo del libro, voglio ancor di più sottolinearti che se sei arrivato a leggere sin qui e sei già un imprenditore presente sul mercato con la tua azienda non devi assolutamente interrompere la lettura.

Il modello che ti presenterò di seguito è totalmente applicabile anche alle aziende già esistenti per risolvere le proprie criticità e giungere a una crescita magari da tanto tempo agognata ma che non si è mai realizzata; i tuoi freni potrebbero essere proprio gli stessi che si presentano anche di fronte a chi non ha mai fatto impresa finora.

Formalmente la start up è un'azienda costituenda o neocostituita ma ti assicuro che le stesse criticità possono riscontrarsi anche in un soggetto economico presente da tempo sul mercato.

Quindi, anche se sei un imprenditore di vecchia data, non cambiare canale perché nelle prossime pagine anche tu potresti scoprire quello che da tempo stai cercando ma non hai mai trovato (anche se magari hai già cambiato decine di commercialisti!).

Non sei ancora convinto di continuare a leggere? Ti stai ancora chiedendo cosa faccio di tanto diverso dagli altri commercialisti? Beh, per schiarirti ancor di più le idee ti racconto quello che sono riuscito a costruire con un mio cliente che, per motivi di privacy, chiamerò solo Francesco.

Francesco è un imprenditore decennale che fino a un paio di anni fa era sicuramente un mio amico ma non un mio cliente. Non ti sto parlando di un ultimo arrivato imprenditorialmente parlando, si tratta di una persona sul mercato già dai primi anni duemila nel settore del commercio all'ingrosso di apparecchiature informatiche e relativi accessori.

Le sue conoscenze e capacità, però, non si esauriscono nell'aspetto commerciale bensì riguardano anche il mondo dei software.

Ha da tanto tempo in testa l'idea, e le capacità, di sviluppare un software che permetta di caricare su una qualsiasi piattaforma di vendite online un numero di prodotti con una velocità superiore alla media. Per poterlo implementare, però, ha bisogno di un quantitativo di liquidità che non può di certo avere a disposizione.

A maggior ragione, quando agli inizi del 2019 la sua attività principale del commercio all'ingrosso di apparecchiature informatiche inizia a scricchiolare in seguito alle difficoltà di quello che era il suo cliente principale che, in conseguenza di una forte situazione di crisi, gli riduce gli ordinativi del 70% in un solo colpo.

L'azienda di Francesco è in ginocchio, molti al suo posto sarebbero finiti in un tunnel senza uscita. Quando Francesco si rivolge a me la situazione della sua azienda è piena di difficoltà e apparentemente irreversibile.

Grazie anche alla sua mente fortemente imprenditoriale che gli ha permesso, una volta trovato il consulente giusto, di affidarcisi anima e corpo, riesco a predisporgli un piano che nel giro di tre mesi, con poche semplici operazioni, gli permette di mettere al sicuro il suo patrimonio personale.

A questo punto, nonostante la sua azienda sia in gravissime difficoltà finanziarie, è consapevole di non perdere i propri beni personali (immobili, veicoli, risparmi di famiglia).

Questo passaggio di protezione patrimoniale è stato fondamentale perché mi ha permesso di liberare mentalmente Francesco dalle paure di trovarsi, perdona la franchezza, in mezzo a una strada e, quindi, di riportare la sua concentrazione esclusivamente sulla risoluzione dei problemi aziendali senza essere pervaso da preoccupazioni che potessero riguardare la sua sfera privata.

In questo modo la sua propensione all'imprenditorialità è tornata a lavorare e gli ha permesso di segnalarmi quel progetto di quel software che era sempre rimasto in un cassetto per mancanza di liquidità.

Ecco che entra in scena ancor di più la mia figura, quella del commercialista completo e moderno che riesca ad accompagnare il proprio cliente nella realizzazione di un modello di business efficiente ed efficace.

Perdona l'enfasi che metto in questo racconto ma stiamo parlando di uno dei miei successi professionali che maggiormente mi inorgoglisce perché seguendo il mio metodo e i miei consigli, che vedrai esposti nei prossimi capitoli, Francesco a febbraio del 2020 ha avviato la sua start up per la realizzazione di un software di intelligenza artificiale.

Questo software a luglio 2020 ha ottenuto da Invitalia un finanziamento a tasso zero, per sostenere tutte le spese necessarie alla realizzazione, pari a 352.000 euro, grazie alla partecipazione con esito positivo al bando Smart e Start Italia.

E non finisce qui, perché l'ho aiutato a entrare in contatto con un'azienda che sta realizzando il più grande portale del food made in Italy e che, per portarlo online, ha scelto proprio il suo software di intelligenza artificiale!

A questo punto Francesco potrebbe avere bisogno di ulteriore liquidità per accorciare i tempi di realizzazione e, di conseguenza, di ottenimento dell'utile e allora sto rivolgendomi ai cosiddetti *business angels*, investitori privati disposti a immettere liquidità in cambio di una quota parte degli utili generati dall'azienda.

"Fede che quota possiamo concedere a questi investitori senza ridurre troppo i miei guadagni?"; "Ora che inizio ad avere un utile cospicuo come faccio a non farmi massacrare di tasse?".

Queste sono le ultime consulenze che giustamente mi ha richiesto e direi che nel giro di poco più di anno il tenore delle sue preoccupazioni è sicuramente cambiato in meglio rispetto a quando mi chiedeva: "Riesco ancora a salvare la casa dove vivo?".

E comunque anche alle ultime due consulenze che mi ha chiesto ovviamente avrà da me le relative risposte basate sull'ottimizzazione fiscale e sulla pianificazione del fatturato futuro, in pratica il mio pane quotidiano come commercialista!

Potrei proseguire con qualche decina di storie di nascita o rinascita, e comunque di successo, come quella che ho vissuto con Francesco, ma non voglio anticiparti troppo quello che troverai da qui in poi.

Ora sì che sai effettivamente quello che troverai nelle pagine successive; ora sai che sono in grado di offrirti un percorso diverso dai classici commercialisti.

Un metodo di successo che può portare la tua azienda a una crescita esponenziale senza dover anticipare soldi personali, un metodo dove sei seguito passo passo in tutti gli aspetti della vita aziendale e non solo in quelli fiscali e contabili, come avviene nel 95% degli studi commercialistici.

Che tu debba entrare nel mondo dell'imprenditoria o che tu sia già presente ma percepisci di dover fare un salto di qualità hai trovato il libro e, in prospettiva, il consulente giusto, perché come dico sempre al termine di ogni mia prima consulenza con un potenziale cliente: "Ricorda sempre che il tuo successo è il mio successo".

Capitolo 1:
Come non darsi delle scuse

Inutile nascondere che quello che sta accadendo intorno a Noi in questo momento storico è qualcosa che cambierà davvero per sempre molte cose. Mi stupisco ancora oggi di quanto in realtà questa circostanza siano veramente in pochi ad averla compresa. E non parlo ovviamente solo dell'aspetto lavorativo ma anche personale.

Non è però argomento di questo libro e non starò di certo qui ad annoiarti con storie e pensieri che si possono trovare ovunque ormai. Quello che voglio è che questo libro sia uno spunto di riflessione, oltre che un metodo, per comprendere prima di tutto che il vero problema delle Nostre vite è dentro di Noi e non fuori.

Molte problematiche, o presunte tali, che ascolto ogni giorno soprattutto dai miei clienti fissi, o semplicemente dalle consulenze svolte, mi accorgo sempre più che in realtà sono delle scuse o dei problemi semplici che diventano complessi solo perché non abbiamo le giuste informazioni per risolverli.

Ma ci arriveremo passo passo, non voglio anticipare i tempi. Quello che è certo è che siamo realmente a un punto di svolta tra chi nei prossimi anni troverà la sua strada e la propria realizzazione e chi continuerà a vivere nell'angoscia del "vorrei ma non posso".

Bene, e se ti dicessi che invece la strada c'è? E che te la metterò su un piatto d'argento? Non significa certo che sarà facile e senza imprevisti, ma sarà guidata e sicuramente molto più semplice di quello che pensi in questo momento.

Ora, per cominciare e senza anticipare altro, vorrei iniziare a ragionare con Te come se fossimo nel mio studio in un caffè tra amici e che, parlando del più e del meno come spesso accade, si finisca invece a ragionare di qualcosa di molto più importante. La prima cosa di cui mi rendo conto quando inizio una discussione sul mondo del lavoro è la percezione stessa che si ha del lavoro.

Un qualcosa che debba servire a riempire la giornata e a far sì che si arrivi a fine mese riuscendo, ad andar bene, a pagare le varie spese della vita e, al massimo, a togliersi qualche piccola soddisfazione qua e là. Pensare questo è forse il più grande errore imprenditoriale che possa farsi.

Ritenere che qualsiasi lavoro vada bene basta che mi faccia entrare dei soldi in tasca è l'errore più grande che fa la maggior parte delle persone. E non perché non sia un concetto di base molto giusto, ma perché è un concetto purtroppo ormai obsoleto per il mondo in cui viviamo e soprattutto senza via di fuga.

Difatti, il mondo del lavoro non è mai stato frastagliato come in questo momento. Le normative che l'hanno cambiato partono da lontano e iniziano a vedere la loro materializzazione con il superamento dell'art.18 di qualche anno fa che ha reso ovviamente più instabile il tanto agognato posto fisso a tempo indeterminato che, per decenni, è stata la massima aspirazione di ogni dipendente.

Con il suo superamento si è perso sicuramente il potere

contrattuale del dipendente inteso come lo era stato fino a quel momento e ha reso il percorso di un lavoratore molto più complicato, se quella era la massima aspirazione.

Dal mio punto di vista strettamente personale, senza accorgersene, in questo modo è stato creato un qualcosa che obbliga le persone a evolversi, a non essere schiave del proprio lavoro ma a ragionare per obiettivi non solo personali ma anche lavorativi.

Ritengo sia stata una manna caduta dal cielo che nel lungo periodo non potrà fare altro che bene a ogni individuo.

Detto questo, però, ripeto a parere strettamente personale, quello che rimane importante nel Nostro ragionamento è il fatto che di per sé questo tipo di contratto tanto desiderato, nel nostro momento storico, non dà assolutamente nessuna garanzia.

Come dice il termine siamo dipendenti; dipendenti di un'azienda, del suo successo o fallimento, e per questo soggetti, a ogni oscillazione di mercato, al bello e cattivo tempo.

In virtù di tutto ciò, spesso mi chiedo: visto che non ho comunque una stabilità lavorativa, perché devo affidarmi alle decisioni e al tempo di una terza persona? Non vale la pena allora a questo punto che sia io stesso l'artefice della mia vittoria o sconfitta?

Questa è solo però la prima di una serie di domande a cui cercheremo di rispondere man mano, ma che rappresentano nella realtà le paure di ognuno di Noi, me per primo, e che sono assolutamente normalissime in questa fase. Ma andiamo avanti.

Una volta dato per assodato questo primo ragionamento molto importante che ci fa capire quanto sia precario, a prescindere dalla tipologia di contratto, il mondo del lavoro dipendente, passiamo quindi alla seconda obiezione che di solito viene mossa: in questo momento non c'è lavoro neanche a pagarlo.

Mai affermazione fu più sbagliata e lo dico molto chiaramente. Nel mondo del lavoro di oggi le opportunità di lavoro sono infinite. Il problema non è tanto nel capire se c'è o non c'è lavoro.

Il problema molto più semplicemente è nel capire cosa viene

richiesto nel mondo del lavoro e cosa dobbiamo fare per arrivare a un posto di lavoro.

Se si inizia a scorrere un po' tra i motori di ricerca come Google, scopriremo presto che in realtà di offerte ce ne sono molte. Il fatto sta che sono cambiate le figure professionali ricercate dalle aziende.

Se fino a qualche anno fa cercavamo un qualsiasi lavoro sulla base di una chiacchiera al bar o tramite conoscenze all'interno di aziende e dopodiché si veniva assunti perché eravamo stati presentati da un amico in comune o da un lavoratore stesso interno all'azienda, ora questo gioco non vale più.

L'azienda, sia essa grande, piccola o appena nata come una start up, ricerca un qualcosa che non si trova al bar e, soprattutto, non è disposta a perdere del tempo con un aspirante lavoratore per insegnarli un mestiere o una mansione. Sì, hai capito bene. Magari non te lo vuoi sentir dire ma è così. Non vuole perdere tempo.

Nel mondo di oggi qualsiasi azienda cerca competenze. E se avessi un evidenziatore lo sottolineerei ancor di più. Le competenze sono ormai alla base di ogni esperienza lavorativa.

Non è più l'azienda che deve insegnarti un lavoro ma sei tu, con la tua volontà e la tua determinazione, a doverti procurare le giuste competenze, a dimostrare che siano ben formate, e a quel punto, solo in quel momento, presentarti in qualsiasi azienda del settore dove ti sei formato per chiedere la possibilità di dimostrare di saper mettere in pratica quello che hai imparato.

È un passaggio che sembra banale ma in realtà è il vero succo di molti discorsi che sento nel mondo del lavoro. Meriterebbe probabilmente solo un libro questo argomento.

Non è il Nostro, in questo caso, ma è giusto parlarne almeno a grandi linee perché ci aiuta a seguire il percorso logico che stiamo facendo. Per questo è importante pensare a una cosa in particolare partendo da questo concetto: se devo io crearmi delle competenze su una materia in particolare, prima di eventualmente andare a cercare un lavoro, converrà mettermi a studiare un settore o un mestiere che mi affascina o no?

Sarà più giusto e interessante andare a mettermi in gioco in qualcosa che sento mio o mi metto a studiare qualsiasi cosa basta che trovi un lavoro?

Comprenderai, a questo punto penso già da solo, quanto sia importante ragionare su questo aspetto. Spesso e volentieri è la pigrizia a non farci comprendere questo concetto chiave del mondo di oggi. La pigrizia nel mettersi in gioco, la pigrizia nel non voler pensare che siamo Noi i primi responsabili di Noi stessi.

Costerà fatica tutto questo? Certo che sì ed è il più grande problema, e paura, che si avverte in questo frangente. La verità è che non abbiamo voglia spesso di impegnarci, di prenderci delle responsabilità, anche solo di apprendimento. Ma questo nel mondo del lavoro di oggi, se vogliamo sopravvivere, è un lusso che non possiamo permetterci.

Un qualcosa su cui dobbiamo lavorare soprattutto nella Nostra testa. Le competenze sono un qualcosa di straordinariamente richiesto. Si parla tanto e giustamente di digital, di online, di web: ti basti pensare che in questo campo a oggi esistono già almeno cento figure lavorative diverse e ti basti pensare che di queste cento praticamente tutte sono sottostimate.

Nel senso che ci sono migliaia di aziende che sarebbero disposte a pagare migliaia di euro, e non le briciole, a persone in grado di saper fare determinate cose in questo settore.

"Eh, ma è difficile. Io non ci capisco niente. Non fa per me questo lavoro". Risposte classiche che mi giungono. Ok, va benissimo, ma ti assicuro che il 99% delle persone non è nemmeno a conoscenza di queste opportunità e continua a cercare il lavoro sperando che caschi dal cielo o che qualche amico ci bussi alla porta con la formula magica.

Inoltre, il mio esempio sul digital esiste anche in altri settori e in altri prodotti o servizi. Ed è per questo che ribadisco fortemente il concetto che c'è la necessità di informarsi, di capire innanzitutto cosa piace fare a Noi e poi andare a vedere, anche tramite delle semplici ricerche online, che tipo di figure lavorative possono essere richieste in quel settore.

E allora, in quel momento, occorre formarsi, fare delle esperienze, diventare padroni dei termini e del linguaggio di quel mondo per dimostrare di saperne. Se si sceglie un settore in base alle cose che ci piacciono è praticamente impossibile che poi non si abbia la voglia di studiare, di mettersi in gioco, di cercare di saperne il più possibile. Non ci sono altre strade, non ci sono scorciatoie.

Mi dispiace dirtelo, ma questa è la verità, e prima lo capirai prima sarai salvo e non avrai più la necessità di rincorrere amicizie e conoscenti in cerca di un qualcosa che tanto di per sé è un qualcosa a termine, un qualcosa che difficilmente sarà tuo fino alla pensione e che soprattutto molto probabilmente maledirai ogni giorno al suono della sveglia.

Per cosa? Solo per un tozzo di pane a fine mese che sarà finito ancor prima di iniziare ad assaggiarlo. Non ti porre limiti e, se ti vuoi bene, cerca di aprire la mente su questo punto perché è fondamentale.

Rimaniamo però ancora un po' sul discorso delle competenze in un'altra ottica per passare al punto successivo del Nostro ragionamento.

Un'altra eccezione che spesso mi capita di sentire, soprattutto purtroppo in questi ultimi tempi, è questa: l'azienda per cui lavoravo ha chiuso, oppure ha licenziato molte persone e ora non so cosa fare. In questi casi spesso e volentieri non ci accorgiamo di quello che abbiamo in mano, non ce ne rendiamo conto.

Magari abbiamo passato anni all'interno di un'azienda di un determinato settore e probabilmente la conosciamo meglio Noi stessi che i proprietari.

Spesso, sicuramente, avremo anche fatto dei pensieri su come migliorare determinate fasi di lavoro o semplicemente ci siamo confrontati con dei colleghi su delle strategie di vario tipo che l'azienda stava facendo e che secondo Noi dovevano essere svolte in maniera diversa.

Senza accorgercene stiamo già ragionando come un piccolo

imprenditore. Senza accorgercene stiamo già realizzando il Nostro primo Business Plan.

Parola sofisticatissima, di cui parla praticamente chiunque, e di fronte alla quale la maggior parte delle persone si spaventa. In realtà, in termini molto semplici non è altro che quello di cui abbiamo parlato sopra: cosa fare e come fare qualcosa in un determinato momento lavorativo.

È vero, non abbiamo le competenze per scriverlo. Ed è lì che entrano in gioco le figure del team di cui parleremo più avanti, ma sappiamo concretamente, nella Nostra testa, molte più cose di quanto immaginiamo.

Occorre solo tradurle in una lingua "burocratica" ma le abbiamo, ed è questo quello che conta. Per cui quando spesso sento dire non so cosa fare adesso, la domanda più concreta dovrebbe essere: hai il coraggio ora di metterti in gioco tu? Sei disposto finalmente a liberarti dalla schiavitù del dover dipendere da altri?

In questo punto qui le scuse sono quasi a zero perché abbiamo l'esperienza, abbiamo parecchie competenze (e quelle che mancano le possiamo ricercare) ma ci manca il coraggio, che tradotto in lingua italiana vuol dire "ho paura di prendermi delle responsabilità".

Responsabilità… che parola complessa e densa di significati. Quando parlo con dei clienti e tiri in mezzo questa parola sembra quasi che arrivi un brivido lungo la schiena della persona con cui sto parlando.

Probabilmente sarà l'effetto che fa, probabilmente perché la Nostra società ci insegna sin da piccoli, direttamente o indirettamente, a non prendere delle decisioni, a delegare ad altri questa fase così delicata che preferiamo non addossarci.

Eppure, ti assicuro che è uno degli insegnamenti di vita che preferisco. Ci sono quelli del "te l'avevo detto" e quelli che invece prendono la propria vita per i capelli e decidono di affrontarla.

Questo non significa fare come Don Chisciotte della Mancia

contro i mulini a vento, ma significa diventare proprietari della propria vita. Significa potersi guardare allo specchio con un senso di fierezza maggiore, consapevoli del fatto che abbiamo provato ad essere quello che di solito immaginiamo solo nei sogni.

Significa affrontare le Nostre paure non affidandoci al caso e alla fortuna ma affidandoci alle competenze, al sapere, all'essere proprietari del linguaggio che utilizziamo, all'essere in grado di prendere non da soli, ma con il nostro team, le migliori decisioni possibili in questo momento.

Le quali non saranno sempre le migliori, saranno delle volte anche sbagliate, ma saranno le Nostre e saranno dettate dalla Nostra esperienza e conoscenza con il solo fine di migliorarla.

Per questo quando mi ritrovo di fronte a persone che non sanno cosa fare in questo momento o hanno delle paure, assolutamente legittime, cerco di dar loro delle informazioni più che delle speranze. Cerco di offrire loro delle competenze per poi prendere delle decisioni, piuttosto che vendere una consulenza.

Perché se io ti offro delle competenze e ti rendo proprietario di informazioni che ho ottenuto in anni di lavoro, sarai poi tu, da solo e senza condizionamenti, a capire da che parte andare e di chi circondarti.

Siamo arrivati già a un bel punto secondo me di questa prima parte ma prima di andare avanti, ed entrare poi anche in aspetti più pratici, voglio ancora fare con te alcuni ragionamenti in cui sono sicuro che in qualche modo ti ritroverai.

Quello di cui parlo è semplicemente analizzare delle situazioni che mi sono capitate nel corso degli anni anche più volte e che quindi rappresentano sicuramente un qualcosa che spesso si ripete. Una di queste è la paura della burocrazia e delle tasse.

È cosa risaputa che l'Italia non è sicuramente la Nazione più semplice sia dal punto di vista burocratico che fiscale. So anche benissimo, anche qui per esperienza diretta e del 90% delle persone con cui parlo che si affacciano al mondo delle partite iva, che quest'ultima viene designata come il male assoluto da cui fuggire.

Quante volte ti sarà capitato di sentire o di pensare a quanti soldi ci siano da pagare ogni mese in bollette, tasse e altre cose oppure a quanto sia terribile e tremendo avere a che fare con l'agenzia delle entrate, anche detta Equitalia? So che ti è capitato ne sono certo. E non c'è nulla di male né di sbagliato.

C'è semplicemente anche qui una mancanza di corretta informazione e soprattutto competenza. Sia lo Stato sia Equitalia sono degli Enti che si occupano comunque di riscuotere dei soldi? Certamente. Sono Enti che cercano in tutti i modi di recuperarli o comunque di prenderli? Altrettanto vero. Possono chiamarti e sentirti tartassato da loro telefonate? Può essere, senza ombra di dubbio.

Quello su cui però pochi ragionano e su cui io invece voglio portare la tua attenzione è un altro tipo di domanda: cosa ho fatto per evitare di arrivare a un punto dove mi trovo in difficoltà? Perché ho paura di arrivare a quel punto?

Sembrano delle banalità ma anche qui ti chiedo di fare un piccolo sforzo di ragionamento. Credo che nessuno sia felice di arrivare a un momento di difficoltà sia lavorativa che economica o addirittura arrivare a uno stato per cui ci si ritrova a dover cambiare numero di telefono per evitare inseguimenti da parte di affamati call center.

L'errore che nel 99% dei casi mi capita di osservare, anche in esperienze ovviamente dirette, soprattutto di clienti che arrivano da me già in profonda difficoltà, è sempre lo stesso e cioè la programmazione. Ne parleremo anche qui in maniera più dettagliata all'interno del Nostro metodo, più avanti, ma vale la pena accennare intanto qualcosa.

Pagare le tasse e rispettare i propri adempimenti è sacrosanto. È alla base di ogni società che vuole definirsi civile. Il problema subentra nel momento in cui si paga più di quello che si dovrebbe e soprattutto senza essere consapevoli di quello che si sta pagando.

Se io un giorno mi presentassi a casa tua chiedendoti diecimila euro me li daresti senza battere ciglio o vorresti capire perché te li sto chiedendo? Se fossi disposto a darmeli senza battere ciglio scrivimi una mail che passo a trovarti.

Diversamente, credo che sia lecito capire i motivi e soprattutto capire se quello che ti chiedo sia effettivamente congruo e dovuto rispetto a quello che ti ho fornito.

E qui torniamo a due concetti già espressi prima: la pigrizia di reperire informazioni e la mancanza di competenze. Quello che lo Stato o Equitalia chiede non è assolutamente tutto dovuto né tantomeno tutto già deciso e scritto.

Quello che loro chiedono è quello che deriva dalla tua pigrizia. Nel momento in cui questa ruota del criceto si blocca con l'arrivo di competenze e informazioni, ecco qua che innanzitutto diminuisce il dovuto e dopodiché non si rischia nulla. Già, hai capito bene... nulla.

La cosa però importante è programmare. Non possiamo permetterci di prendere in mano un pagamento di tasse che magari arriva tra otto mesi solo al settimo mese a partire da oggi.

Dobbiamo attenzionarlo già dal primo mese, attuando delle formulette magiche e lecite che ci permettono di arrivare al settimo mese senza la paura di quello che ci sarà da pagare ma con un quadro chiaro, conosciuto e quindi affrontabile senza problemi.

Spesso si dice che ci sia il terrore del commercialista quando chiama perché quando chiama c'è da pagare qualcosa. Sicuramente se il tuo commercialista non si pone i tuoi problemi ma fa semplicemente il suo lavoro e l'esattore di tasse altrui questo concetto è vero.

In realtà, ed è qui dove mi batto, il commercialista è un socio esterno dell'azienda; perché se l'azienda funziona il commercialista guadagna, se l'azienda chiude il commercialista non guadagna più.

Per cui non credere, come molti fanno, nella figura del commercialista amico. Il commercialista è amico quando lo paghi. La differenza è quando lo paghi per un servizio di protezione e consiglio e quando lo paghi per fare il passacarte dello Stato. Ricordi l'esempio dei 10.000€? Ecco proprio quel discorso lì.

Spesso, però, c'è da dire che questa è un'ulteriore scusa che parte da un problema molto più profondo e mi riferisco alle paure che di solito sento di rischi personali, del proprio patrimonio o situazioni già vissute da ex imprenditori in questo senso.

Anche qui ne parleremo dettagliatamente più avanti ma il concetto credo a questo punto dovrebbe già esserti abbastanza chiaro. Le vere paure e i veri problemi nascono nel momento in cui non ho la conoscenza e l'informazione su qualcosa o qualcuno.

Conoscere il funzionamento del sistema bancario o di recupero crediti privati o della stessa Equitalia aiuta innanzitutto a capire di cosa stiamo parlando, aiuta a capire come muoversi anticipatamente rispetto agli eventi, a prevenirli, e aiuta a non avere paura di cosa può accadere.

Anche se ci siamo già passati, anche se abbiamo avuto già

un'azienda e magari è andata male, anche se ci hanno pignorato casa e conto bancario.

Non significa che non siamo capaci, non significa che abbiamo sbagliato mestiere, non significa che siamo dei "falliti". Significa molto più semplicemente che purtroppo abbiamo dovuto intraprendere un'esperienza più forte delle altre, dove abbiamo dovuto sobbarcarci un peso e un problema molto importante.

Quando però quel primo momento di smarrimento iniziale passerà, quando il tempo per forza di cose inizierà a rimarginare quelle ferite, allora potremo voltarci indietro con serenità, guardare il Nostro percorso con occhi diversi, capire dove e perché abbiamo sbagliato e renderci conto che in fondo, davvero, avremmo solo avuto bisogno di qualche informazione in più per evitarci tanti guai.

Ci sarebbe bastato essere affiancati dalle persone giuste per leggere prima delle situazioni, per evitare l'evolversi di determinate cose. E questo, nonostante tutto, ci rende più forti, più consapevoli, già pronti a fare il salto nella giusta direzione senza rinnegarci da soli ma ringraziando delle esperienze avute.

E ti assicuro che una volta tolte queste paure il mondo dell'impresa prenderà tutta un'altra immagine per generare tutta un'altra storia.

Nella stragrande maggioranza dei casi sono queste cose a bloccare i Nostri sogni, a bloccare la voglia innata di ognuno di poter scegliere da solo la propria strada e come utilizzare il proprio tempo che è l'unica cosa che conta davvero.

Questi ostacoli che troviamo all'inizio di un percorso sono dettati dalla mancata conoscenza. Se c'è una cosa che è prevedibile è l'iter legislativo e burocratico di queste situazioni.

E sarai d'accordo con me che conoscendolo abbiamo già eliminato la maggior parte delle paure, potendo così dare finalmente libero sfogo a ciò che veramente ci piace fare.

Nessuno dice che sia una passeggiata o che non ci saranno intoppi, è impossibile. Ti disegnerei un quadro irrealistico.

Quello che però posso e voglio dirti con estrema chiarezza sin dalla prima pagina è che la conoscenza abbatte ogni tipo di barriera e permette a Noi stessi di evolvere a un livello superiore, un livello che nemmeno ci rendiamo conto realmente di cosa significhi finché non lo mettiamo in pratica.

E la differenza è proprio lì, tra il mettere in pratica e il rimanere nel "vorrei ma non posso".

Per questo è importante, e anche questo lo vedremo meglio più avanti, circondarsi delle persone e delle figure giuste perché esistono, ci sono e sarà molto più semplice incontrarle lungo la strada se lasciamo aperto il Nostro cancello interiore senza paure e senza vergogna.

Siamo nati per questo ma ci raccontano e ci inculcano sin da piccoli che non è questo quello che dobbiamo fare.

Trovati noi stessi e la nostra strada tutto, ma proprio tutto, prende un senso e una prospettiva diversa. Prima ce ne renderemo conto e prima le Nostre paure si smaterializzeranno.

Voglio concludere così questa prima parte del Nostro percorso con l'augurio e la speranza che ti sia ritrovato almeno in una di queste paure o situazioni perché ne sono certo che se sei arrivato già solo fin qui vuol dire che qualcosa ho toccato, qualcosa ho capito di quello che si prova.

E, proprio per questo, ti invito ad andare avanti perché, in queste pagine, che sono già un percorso, troverai spero la tua strada e troverai anche come percorrere quella strada, senza paure, senza blocchi ma con una consapevolezza concreta di quello che andrai ad affrontare sia nel bene, obiettivo di ognuno di Noi, ma anche nel male, senza lasciarti confondere dalle emozioni ma dominandole, e facendo sì che trasformino anche un'esperienza negativa in un qualcosa per cui ringraziare.

RIEPILOGO DEL CAPITOLO 1:

- SEGRETO n. 1: il lavoro dipendente non è mai stato così precario come in questo momento.

- SEGRETO n. 2: le competenze personali sono alla base di ogni lavoro, sia svolto per sé stessi che per conto di terzi.

- SEGRETO n. 3: prendersi delle responsabilità è una delle cose più belle che possa esserci se fatto con le giuste informazioni.

- SEGRETO n. 4: lo Stato ed Equitalia non sono mostri assetati di sangue ma cagnolini da accudire e di cui prendersi cura.

- SEGRETO n. 5: vivere davvero le emozioni significa non subirle ma dominarle.

Capitolo 2:

Come risolvere le proprie paure

Quando abbiamo cominciato il nostro ragionamento ci siamo focalizzati principalmente su aspetti puramente lavorativi ed economici che esistono e resistono nella nostra mente. E abbiamo anche appurato che è la competenza la soluzione a questo primo problema.

Quello che andremo a fare adesso è uno step successivo. Comprendere quali sono le reali paure che ti bloccano dal fare un ulteriore passo in avanti verso un modo diverso di vivere.

In particolare, andremo a riferirci alla sfera patrimoniale per comprendere come anche qui ci siano delle informazioni chiare e precise da dover tenere in considerazione e la soluzione che ti proporrò sarà uno start senza spese anticipate.

Iniziamo a sfatare anche qui un mito molto spesso comune:

accendere dei finanziamenti, prendere dei soldi in prestito è una cosa molto rischiosa e da folli in questo momento.

Sfido chiunque a non aver pensato almeno una volta questa cosa e ti sfido anche nel dimostrarmi che dopo questo pensiero hai fatto anche qualche ragionamento in più sul significato.

Prendere dei soldi in prestito può sembrare a un primo sguardo una cosa rischiosa. Giustamente il primo pensiero è quello di pensare che poi, se non si riesce a onorare il finanziamento acceso, si va incontro a tutte quelle problematiche di recupero crediti di cui abbiamo parlato precedentemente.

È sicuramente legittimo pensarlo ma voglio andare anche qui un po' più a fondo. Innanzitutto, partiamo da un presupposto fondamentale: chiedere un prestito non è sbagliato e utilizzare i soldi delle banche per investimenti non è sbagliato.

Sembra scontato ma ti assicuro non lo è. E soprattutto c'è una parola in questa fase che fa capire il perché: investimenti.

Spesso nel corso degli anni mi sono capitate delle situazioni per cui chi ha chiesto un finanziamento in banca lo ha fatto per pagare dei fornitori, per pagare delle bollette e ancor peggio per chiudere altri finanziamenti.

Questo tipo di debito, che io definisco debito passivo, è un debito malsano. Uno di quei debiti che non ti porterà mai da nessuna parte. È un semplice arrivederci a un problema che tornerà sicuramente.

Magari non subito ma ti assicuro che nel corso degli anni tornerà ed è uno dei mali principali di cui soffrono molte aziende, grandi o piccole che siano.

Un debito di questo tipo non genera ricavi per l'azienda ed è semplicemente un costo in più che ci troviamo a dover affrontare mensilmente e che andrà ad abbassare quindi la nostra liquidità mensile.

Si tratta quindi del primo passo verso le problematiche con le banche, o comunque finanziarie cui abbiamo accennato precedentemente e che, se non controllato e gestito per tempo, porterà prima o poi a un deterioramento dell'azienda con tutto ciò che ne consegue.

Viceversa, lo stesso può essere visto come debito attivo quando dà vita a un investimento, il quale è la parola che identifica la possibilità di crescita di un business e quindi di ricavi.

Comprenderai da solo come in questo caso invece il debito faccia meno paura o comunque non va visto, in termini di mindset imprenditoriale di cui parleremo più avanti, come qualcosa di negativo ma anzi come il naturale evolversi di un percorso di crescita.

Con la consapevolezza e la tranquillità del monitoraggio costante che deve essere comunque alla base di ogni azione.

Ma perché è importante utilizzare fondi esterni e non i miei personali che magari già ho? Questa è un'altra di quelle domande che spesso mi rimbombano intorno e a cui voglio dare una risposta molto chiara e che penso possa esserti di aiuto e stimolo in un ragionamento così importante.

Utilizzare i propri soldi, derivanti magari da un'opera di risparmio di diversi anni o da un'eredità o da qualsiasi altra fonte, per riversarli in un business, a maggior ragione se nuovo e quindi senza uno storico, è secondo me un errore.

Un errore che deriva da tutto ciò che questa azione comporta come conseguenza. La prima di queste è sicuramente un rischio personale molto alto. Leghiamo la nostra liquidità e il nostro sostentamento a un investimento che, per quanto studiato e programmato, sconta sempre un rischio di impresa. Soggetto per cui alla possibilità che vada bene ma anche che vada male.

E siccome noi dobbiamo valutare tutte le opzioni, nel caso in cui andasse male genererebbe un problema grave alle nostre spese quotidiane, alla possibilità di far fronte, per esempio, a una spesa imprevista o alla possibilità di togliersi qualche capriccio che invece dovremo a quel punto abbandonare.

Tutti casi, questi, che ci portano alla seconda conseguenza che è quella emotiva: quando mettiamo a rischio i nostri soldi entriamo di diritto in una sfera emotiva molto fragile che non ci consente né di essere sereni nella nostra quotidianità né sereni nelle scelte che andremo a fare.

Ed è qui che ci ricolleghiamo a quanto detto nella prima parte: tutte queste cose generano stress. E se generano stress generano anche paura. E se generano paura portano chiunque, anche abbia un'ottima idea o un sogno, a bloccarsi.

A interrompere un ciclo positivo per tornare in una zona di comfort che ci fa rimanere immobili nella nostra quotidianità, senza speranza nel futuro e senza speranza di poter migliorare la nostra situazione. In poche parole, siamo di nuovo nella ruota del criceto.

E come già spiegato, per romperla occorre un'azione tanto forte quanto ponderata. Ritornando quindi al concetto iniziale, un finanziamento attivo dedicato a investimenti con soldi non nostri personali ma di un terzo ente, sia esso banca o finanziaria, ci alleggerisce intanto di questa problematica.

Quella di non dover toccare la nostra liquidità, di dormire sonni tranquilli e di avere la certezza che anche se, andasse male, il pezzo di pane sul tavolo lo abbiamo. E vi assicuro che non è poco. Ma qui arriva poi il secondo step necessario.

"Sì, ok, tutto bello ma comunque poi se va male e non riesco a ripagare il finanziamento mi iniziano a cercare i recupero crediti e quindi poi vado a rischiare lo stesso le mie finanze personali per ripagare il debito" – obiezione che di solito mi viene mossa a questo punto della discussione.

Ed è qui che entra in ballo un altro tipo di competenza che è quella della protezione del patrimonio. Vedremo più avanti nel dettaglio i discorsi riguardanti le varie forme giuridiche e in base a cosa sceglierne una piuttosto di un'altra.

Per ora ti basti sapere che esistono delle particolari tipologie di forma giuridica che vanno a proteggere il Tuo patrimonio e soprattutto ti permettono di dormire sonni tranquilli.

Questo è un passaggio molto importante e che voglio spiegare in questa fase più che nei suoi termini tecnici da un punto di vista prettamente psicologico.

Capisco perfettamente quando molte persone che si avvicinano a questo mondo si spaventano di finanziamenti accesi e paura di non farcela a pagarli.

È ovvio che occorre una strategia ben delineata e attuabile che ci permetta di andare a generare intanto nel breve termine quelle vendite che ci consentono un rapido arrivo al *break even*, un punto in cui, in parole povere, le spese vengono coperte dalle vendite generate.

Una cosa a livello teorico molto semplice ma che purtroppo in realtà nasconde non solo molte insidie dal punto di vista lavorativo ma anche dal punto di vista psicologico.

Ed è qui che voglio portare la tua attenzione: lavorare e cercare di sviluppare una nuova attività provoca già di per sé un cambio di abitudini, un cambio di prospettiva e già questo è un passaggio molto delicato. Se a questo aggiungiamo però anche il pensiero dei debiti da pagare diventa quasi impossibile per molti vedere il bicchiere mezzo pieno.

In realtà il bicchiere dobbiamo come al solito noi aiutarlo a riempirsi. E come facciamo? Lo facciamo andando a creare una situazione per la quale non dobbiamo stressarci con scadenze di varia natura soprattutto nei primi periodi.

È importante, anzi direi fondamentale, il focus sull'aspetto prettamente lavorativo. Un focus che deve essere improntato alla realizzazione di quello che abbiamo pensato nella nostra testa.

Ma si può riuscire a seguire tutte le scadenze burocratiche, che purtroppo ci ritroviamo sin da subito in un'attività, restando però concentrati sullo sviluppo del lavoro?

Per esperienza personale e dei miei clienti ti dico che è veramente difficile. Iniziano ad assalirci sin da subito, ancor prima di iniziare, mille dubbi, sensazioni negative miscelate a incertezze di ogni natura. E questo già di per sé richiede un focus molto importante che affronteremo più avanti.

Le speranze, i sogni e le cose positive che abbiamo pensato per mesi improvvisamente possono diventare ansie e paure nella nostra testa. E affrontare una situazione di questo tipo con anche un carico debitorio non protetto genera delle angosce ancora maggiori.

Per questo dobbiamo impegnarci per avere sin da subito in mano i giusti strumenti, le giuste armi che ci permettano non solo di difenderci ma anche di attaccare. Sembra complicato? Ti assicuro di no. È un qualcosa di molto più semplice di quello che immaginiamo.

Impostare però in questo modo uno start ci permette di guardare tutto da una prospettiva diversa. Ricordi quando abbiamo parlato prima di debito passivo e debito attivo? Ecco questo è l'anello di congiunzione.

Non solo un debito attivo visto come investimento è un qualcosa di positivo in ottica aziendale ma se a generarlo è, a maggior ragione, una situazione studiata di protezione del patrimonio personale, sarai d'accordo con me che il sogno di avere una propria attività ha fatto già un passo in avanti, dall'irrealizzabile al fattibile.

Esistono delle forme di finanziamento dedicate alle start up che permettono proprio questo: riuscire ad avere i capitali per partire limitando al minimo il proprio rischio.

Avrai sicuramente sentito parlare da qualche parte di microcredito. Ormai ne parlano anche i muri, solo che spesso in pochi sanno realmente il significato. Per microcredito si intende un qualsiasi finanziamento inferiore ai trentamila euro, sia personale che aziendale.

Quello che in pochi fanno è specificare la natura di questo microcredito. Ne esistono di svariate tipologie e ovviamente ci sono delle differenze molto importanti tra uno e l'altro.

Un microcredito per intenderci è anche se tu vai come persona fisica in banca o in qualsiasi finanziaria a chiedere anche solo diecimila euro per finanziarti l'acquisto di una macchina, per esempio. In questo caso se ovviamente poi non lo ripaghi il rischio è tutto tuo personale.

A livello aziendale invece ne esistono almeno tre di microcrediti. Quello più famoso è quello governativo, cioè rilasciato con la garanzia dello Stato che si richiede direttamente in banca. È un ottimo strumento. Peccato che abbia dei tempi e un iter molto lunghi e comunque complessi per una persona che si affaccia a questo mondo.

Esistono però anche delle strutture accreditate che forniscono le stesse garanzie del governativo con il vantaggio di essere molto più rapide, molto più snelle e soprattutto che permettono una protezione almeno del novanta per cento dell'importo.

Amo molto questo genere di strategie che ti permettono una gestione del rischio o quantomeno un suo abbassamento. Capisci ora perché ti dico che con le giuste informazioni si possono fare scelte più ponderate?

Poniamo l'esempio di aver necessità per una nostra idea e per essere tranquilli nella sua gestione iniziale di aver fatto un business plan (ricordi? in parole povere un prospetto costi e ricavi) di circa venticinquemila euro.

Credo che se io ti dica, sempre per esempio, che di questi venticinquemila, ventiduemila cinquecento vengono coperti da garanzia e che la tua società al massimo può rischiare duemila cinquecento euro, il rischio si abbassa notevolmente.

E abbassandosi il rischio, si abbassano le paure e i timori e ci si può concentrare serenamente sull'aspetto più importante che è quello lavorativo e di sviluppo.

Ok ok, aspetta, so già cosa stai pensando: "Tutto bello ma io non ci capisco proprio nulla di come funziona una società e ho sempre sentito di una marea di tasse da pagare". Io ho un sogno, io voglio realizzare un mio progetto ma non sono in grado, non capisco alcune cose.

Ci torna sicuramente utile il concetto sulle competenze scritto precedentemente. Non devo per forza sapere tutto, sarebbe impossibile. Quello che diventa fondamentale è un'altra parola magica con cui mi sono trovato a lottare per molti anni: delegare.

Delegare nel mio modo di pensare non significa far fare a qualcun altro un tuo lavoro ma significa mettere qualcun altro nelle migliori condizioni possibili per svolgere una mansione che io ho creato e che ho la possibilità di controllare nei risultati.

Delegare significa anche riuscire a rendersi esterni alla propria azienda. Lo so è un concetto anche questo che non tutti riusciranno a comprendere subito ma ci arriviamo, seguimi.

In passato, e anche adesso ancora, molte aziende, soprattutto le piccole e medie imprese, ragionano con il concetto che *il proprietario è il primo ad arrivare e l'ultimo ad andarsene.* Una delle considerazioni personalmente più sbagliate che conosca.

Il proprietario, o imprenditore che è meglio, deve essere sicuramente quello che imposta e gestisce la sua società ma deve lavorare affinché, nel medio lungo termine, lui riesca ad essere indipendente dalla sua società. La sua azienda deve riuscire ad andare avanti anche senza che lui ci sia.

È questo quello a cui secondo me ogni imprenditore dovrebbe aspirare: rendersi inutile alla propria società. In quel momento l'imprenditore ha realizzato il suo vero obiettivo. Creare un suo sogno, guadagnare da esso, ma avere il tempo per vivere la propria vita, cosa che spesso molti sottovalutano.

La figura dell'imprenditore o del lavoratore autonomo viene da molti vista come quella che non ha ferie, non conosce malattia ed esce presto la mattina di casa per rientrare dopo cena.

Ecco, l'imprenditore che esiste nella mia visione non è assolutamente questo. Nella mia visione l'imprenditore deve avere il tempo da dedicare a ciò che gli piace fare: un hobby, una passione, la famiglia, le vacanze.

Questo dovrebbe essere il suo vero obiettivo, liberarsi dalle catene del lavoro e rendersi finalmente davvero libero negli orari e nei tempi.

È facile? Assolutamente no. Occorre del lavoro? Assolutamente sì. È però realizzabile a una sola condizione, anzi due: la prima che ci sia una strategia di impresa e la seconda che si creino delle procedure e dei regolamenti che permettano la buona e salutare crescita dell'azienda stessa.

Togliti dalla testa che riuscirai a fare tutto questo da solo. Hai bisogno di strategie, hai bisogno di input, hai bisogno di competenze. Per questo è fondamentale riuscire a circondarsi delle persone giuste.

Per questo devi affidarti a persone che sposino il tuo progetto, la tua idea, anche a costo di rinunciare a qualcosa, ma con la consapevolezza che quella strada così tracciata non potrà poi che portare benefici a tutti.

Il primo passo quindi da compiere è comprendere quali sono le figure di cui avremo bisogno, e ne parleremo tra poco all'interno del Nostro metodo, e soprattutto organizzare delle procedure. Cosa sono? Sono dei "manuali" dove c'è scritto dalla A alla Z come e cosa si deve fare all'interno dell'azienda che tu prima immagini e poi realizzi concretamente.

Le procedure sono un qualcosa di estremamente potente ma che purtroppo ancora in pochi utilizzano. Sapere non solo chi deve fare cosa ma anche come la deve fare deve rientrare assolutamente nei piani di lavoro di un'azienda cosiddetta automatizzata.

E non pensare che questo sia solo un passaggio successivo che dovrai fare chissà tra quanto tempo. Sono cose che vanno strutturate dall'inizio con le giuste informazioni e i giusti accorgimenti perché rappresenteranno le fondamenta di un'azienda solida come quella che vogliamo e sogniamo.

Le procedure non sono altro che dei manuali "a prova di stupido", per intenderci, che vanno a risolvere tra l'altro uno dei problemi di cui abbiamo già parlato, e che ora conosci, che è quello della non voglia dell'azienda di perdere del tempo con persone da formare.

Comprendi ora perché diventa importante formarsi anche quando si sta cercando un lavoro da dipendente?

L'azienda, che sia realmente degna di questo nome, ha delle procedure e vuole darle in mano sin dal primo giorno a una persona che abbia almeno le basi di quello che andrà a svolgere, che almeno conosca i termini del lavoro che va a iniziare.

E, a quel punto, con un manuale in mano che descrive realmente ogni singolo dettaglio del lavoro da svolgere, sarà molto più semplice l'inserimento del nuovo dipendente e l'azienda risparmierà tempo e soldi che diversamente andrebbero sprecati.

Credo che ora hai già un quadro molto più completo di come si muove un'azienda, di come prende delle decisioni, di come cresce e si sviluppa dalle fondamenta.

Credo che sia molto importante per te, che comunque hai deciso – sicuramente dentro di te anche se non ancora nelle tue azioni concrete – di intraprendere questo percorso, assimilare bene tutti questi concetti perché sono le fondamenta, non della tua azienda, ma del tuo mindset, del tuo pensiero e quindi delle tue azioni future.

Tutto questo preambolo che abbiamo intrapreso in questi due primi capitoli non deve essere solo un passaggio, non deve rappresentare solo un insieme di concetti astratti.

Si tratta, al contrario, della base del Nostro metodo, quello che tra poco inizieremo a percorrere insieme e che ci porterà a capire ancora più nel dettaglio come rendere concreto un sogno o anche solo una semplice idea.

Rileggi e soprattutto rielabora questi concetti, dormici sopra, riprendili in mano e nella testa, nei prossimi giorni, falli diventare tuoi.

In quel momento, allora, potremo iniziare a parlare un'altra lingua insieme, potremo interfacciarci concretamente su mille ragionamenti, potremo studiare insieme le migliori strategie. Senza paure, senza timori, senza angosce che ci pervadono il corpo e la mente.

Sicuri e convinti che quello che stiamo intraprendendo non è solo un viaggio di sofferenza e dubbi ma è un viaggio verso la Nostra libertà. Questo viaggio lo faremo con una guida al fianco, una guida che ha le competenze, le informazioni e soprattutto un Metodo di lavoro.

Non saremo soli, ci circonderemo man mano delle giuste figure e con loro scriveremo un pezzo della Nostra vita, consapevoli che potrà andare più o meno bene, che potremmo incontrare degli ostacoli, avere dei problemi, ma con le competenze per affrontarli, con le precauzioni prese e quindi con ancora più forza e determinazione nelle Nostre azioni.

Abbiamo strutturato tutto questo in un Metodo che abbiamo chiamato Metodo V.I.C.S., che non è il più famoso spray nasale ma che in qualche modo apre comunque delle vie. Entra nella nostra testa, nella nostra mente e la libera da ansie e paure, rendendola finalmente libera.

Cosa significa allora Vics? È l'acronimo di quattro passaggi che andremo ad analizzare uno a uno nei prossimi capitoli. Ognuno di loro ci darà delle risposte concrete a una serie di domande che sono quelle che ho tenuto da parte nel corso degli anni del mio lavoro.

Quelle che nella nascita, crescita e sviluppo di un'azienda sono sempre le più ricorrenti. E, dove non fossero ricorrenti, diventano necessarie.

V come Valutare: valutare da dove partiamo, quali sono le nostre basi, come possiamo utilizzarle, se c'è una richiesta in quel settore o se dobbiamo spostarci leggermente.

I come Ideare: una volta compreso come devo muovermi, occorre sognare, immaginarsi la propria azienda florida tra qualche anno, utilizzare degli strumenti che ci permettano di renderla reale e concreta perché saranno il Nostro faro guida per i prossimi anni.

C come Concretizzare: avendo tutto chiaro è giunto il momento dell'azione, è giunto il momento di mettersi in pista e capiremo come fare nel concreto, come muoversi, cosa attivare sin da subito e cosa lasciare più avanti.

S come Sviluppare: è l'ultimo passaggio. Portare la propria

azienda a un passo superiore, renderla florida, appetibile anche dall'esterno, fare i passi giusti per vederla crescere.

All'interno di ogni passaggio c'è un mondo che probabilmente meriterebbe un libro a parte, ci sono informazioni e competenze di anni di studio e di pratica sul campo.

Ci sono tanti e tanti concetti che è bene lavorare e tenere sempre a mente per non perdere il focus perché, e con questo chiudiamo questa parte, ci saranno dei momenti in cui si dubiterà di tutto quello che si è fatto, dei momenti in cui le paure torneranno prepotenti, dei momenti in cui sembrerà di soccombere e veder bruciati i propri sogni.

Ma è proprio in quei momenti quando ti senti solo, disperato e senza via d'uscita, che tutti questi concetti arriveranno in soccorso come un'ancora di salvezza. Perché se è vero che il mondo è pieno di problemi, è anche vero che per ogni problema, grande o piccolo, c'è sempre una soluzione.

L'importante è non perdere il focus nei momenti difficili che per forza di cose ci saranno, ricordarsi da dove si è partiti e quanta fatica si è fatta per uscire dalla ruota del criceto.

Avere fiducia nelle persone di cui abbiamo scelto di circondarci, farsi consigliare da loro, superare insieme questi momenti. Perché, te lo dico con franchezza e decisione, da solo non ce la farai.

È la squadra che vince, sono le competenze che risolvono i problemi, in un mondo di macchine e automazioni stupende sono sempre poi alla fine le persone però a fare la differenza. Iniziamo questo viaggio e benvenuto a bordo.

RIEPILOGO DEL CAPITOLO 2:

- SEGRETO n. 1: il debito attivo è una parte importante di ogni azienda se generato e utilizzato nel modo giusto.

- SEGRETO n. 2: utilizzare i propri risparmi per dar vita a un'azienda non è la miglior cosa che si possa fare.

- SEGRETO n. 3: proteggere al massimo il proprio patrimonio è un imperativo morale che dobbiamo a Noi stessi.

- SEGRETO n. 4: avere delle procedure aziendali è il mantra di ogni imprenditore che voglia il bene della sua impresa.

- SEGRETO n. 5: non perdere il focus. Soprattutto nei momenti difficili ricorda da dove sei partito e quali sono le tue fondamenta.

Capitolo 3:
Come (V)alutare il proprio sogno

Finalmente possiamo iniziare il Nostro percorso. Tutto quello letto finora sono le fondamenta, le basi da cui ogni ragionamento su un progetto può partire. Rappresentano un punto di svolta importante perché conoscere le Nostre paure ci aiuterà poi ad affrontarle con rispetto ma anche con determinazione.

Ora però entriamo nel vivo realmente di quello che occorre e come bisogna ragionare per costruire un qualcosa che inizialmente è solo un'idea.

Nella mia esperienza ho sempre diviso le idee in due grandi gruppi: quelle che provengono da una Nostra esperienza lavorativa e quelle che invece derivano da una passione o un hobby.

La differenza può essere e sembrare notevole ma in realtà molte cose coincidono e adesso le affronteremo in maniera dettagliata, al fine di comprendere quale potrebbe essere la Nostra scelta migliore quando ci affacciamo non più a un divertimento ma a un qualcosa che vogliamo diventi il Nostro futuro lavoro.

Abbiamo detto che uno degli aspetti fondamentali è quello di avere le giuste competenze e spesso quindi mi capita di ascoltare idee che provengono dal proprio lavoro. Quale miglior posto per andare a ricercare la propria vena lavorativa se non lì dov'è quello che svolgiamo giornalmente?

Spesso le grandi idee ma anche le più piccole prendono forma all'interno della Nostra mente mentre siamo al lavoro e mentre svolgiamo un qualcosa che conosciamo bene in maniera ripetitiva. E qui c'è il primo punto di contatto tra lavoro e hobby.

Entrambi rappresentano delle operazioni che noi svolgiamo quotidianamente o comunque molto frequentemente e questo aiuta di molto lo sviluppo di un'idea.

Pensa che esistono delle persone e delle attività lavorative che si basano esclusivamente sulla risoluzione di problemi all'interno di qualcosa che già esiste. Nel nostro mondo riuscire a trovare un qualcosa che non esiste è praticamente impossibile.

Basta guardarsi intorno oppure andarci a informare tramite il web e presto anche la più strana idea che pensiamo possa essere nuovissima in realtà è già stata vista e rivista. Ma allora, come posso fare a crearmi una mia idea e farla diventare un lavoro?

È proprio qui che ci viene in aiuto la Nostra esperienza in un ambito lavorativo. Pensa a quante volte mentre svolgevi la tua attività da dipendente o mentre ti esercitavi in un tuo hobby, sportivo o no, ed eri intento nell'utilizzare un qualcosa o nello svolgere una procedura, hai pensato "Io questo lo farei così", oppure "se questo attrezzo fosse così sicuramente farei prima".

Sono solo un paio di considerazioni ma che sono sicuro almeno una volta nella tua vita hai fatto. Bene, quando ce ne accorgiamo, drizziamo le antenne perché lì dietro potrebbe esserci un qualcosa di importante su cui ragionare.

In un momento storico come questo non dobbiamo pensare alla scoperta dell'acqua calda ma dobbiamo andare a soffermarci sulla risoluzione di piccole problematiche, piccoli intoppi quotidiani nella vita delle persone che si possono risolvere con poco ma che ancora non sono stati risolti e che permetterebbero un risparmio di tempo e velocità alle persone.

Quelli che io ti fornisco sono ovviamente solo degli spunti ma servono per iniziare a ragionare in modo autonomo. Magari utilizzando una pinza o svolgendo un'attività tramite un foglio Excel, oppure mentre maneggiavi un qualche attrezzo di cucina. Ogni ambito è buono per afferrare la propria idea.

La cosa più importante è trovare un problema. Già, perché dove si trova un problema, si cela anche una soluzione e se questa soluzione io la rendo concreta, aiuterò di sicuro altri che come me hanno avuto lo stesso problema.

Ci sono migliaia di esempi di persone che sono diventate milionarie grazie a oggettini di pochi euro, senza inventarsi la luna. E perché secondo te ce l'hanno fatta? Semplicemente perché hanno risolto un piccolo problema in maniera semplice e hanno reso concreta la loro soluzione.

Per cui il primo aspetto che fa parte del Nostro metodo e che ti ho spiegato qui è quello di scegliere il proprio settore di riferimento. In che modo? Andando a ragionare su quello che conosciamo meglio, qualunque esso sia (competenze), per portare poi, in esso, una soluzione a un problema concreto.

Esistono svariati tipi di problemi che non devono essere per forza materiali. Un problema che io voglio andare a risolvere potrebbe essere anche solo di immagine oppure di necessità.

Abbiamo fatto prima l'esempio di una pinza anziché magari di un barbecue o un trapano: oggetti materiali che magari utilizzati in un'altra maniera possono dar vita a una soluzione.

Ma i problemi a cui ci riferiamo possono avere anche altra natura: per esempio una nuova moda, una nuova tendenza che risolve un problema di immagine, di come si viene percepiti dall'esterno.

Oppure anche una nuova ricetta, un nuovo modo di utilizzare il cibo e gli alimenti: anche questa è una soluzione, magari a un'intolleranza o a un problema di scarti alimentari.

Piccoli esempi ma che servono per ora solo a farti comprendere come si può spaziare tranquillamente in ogni forma che vogliamo.

Per esempio, qualche mese fa mi capitò un cliente che voleva creare una linea particolare di cappottini per cani, andando ad affiancare a un cappottino artigianale per il cane anche un coordinato come un cappello o una sciarpa per il suo padrone.

A primo occhio sembrerebbe non esserci un problema e una soluzione ma in realtà è presente: il problema in questo caso è la necessità di un certo tipo di persone di volersi distinguere, di volere avere un qualcosa che altri non hanno, di sentirsi uniche nel loro modo di apparire.

In questo caso il mio cliente ha fornito a queste persone una soluzione, una soluzione di immagine, di qualità, di sentirsi parte di un qualcosa di unico.

Quando ci riferiamo come vedi a una soluzione, non ci aspettiamo che questa serva a tutti né che sia per forza di cose apprezzata da tutti. Ci riferiamo invece a un problema sentito, anche da pochi, da una nicchia, e che dà una soluzione solo a loro.

Il potere della nicchia è senza ombra di dubbio uno dei più forti che esistono in questo momento: riuscire a identificarsi con un gruppo ristretto di persone, sposare i loro ideali, far sì che trovino in te la soluzione a un loro dubbio o semplicemente pensiero. Questo già solo rende un'idea vincente.

Una volta trovato il problema e ipotizzata una soluzione occorre però andare a lavorare su questa idea ancora molto sommaria. Per farlo dobbiamo iniziare dal comprendere il mercato in cui si muove questa Nostra idea.

Analizzare un mercato è una delle cose più difficili che c'è anche se molti pensano che sia la cosa più semplice. Comprendere le dinamiche che lo muovono, il perché una persona preferisce in quell'ambito una cosa piuttosto che un'altra.

Sono solo due delle cose che dobbiamo valutare in base all'idea che abbiamo avuto. Per avere delle prime risposte la prima cosa da fare è testare, o come dicono alcuni prototipare.

In parole povere è un test che dobbiamo cercare di fare alla Nostra idea per capire se può realmente essere una soluzione a un problema che abbiamo identificato.

Per fare questo anche in maniera molto semplice, basterebbe iniziare a capire e fare caso se anche persone intorno a Noi percepiscono quel problema. Per esempio, se il problema si trova sul posto di lavoro, potremo verificare con i nostri colleghi o con le persone che utilizzano gli stessi nostri strumenti.

Oppure, qualora il problema fosse invece più di immagine o concettuale, provare a parlarne senza dare la soluzione con i nostri amici o familiari. Tutti primissimi test che però iniziano già a confermare o meno se l'intuizione che abbiamo avuto è interessante.

"Se ti dicessi che potresti fare così…", "se avessi un qualcosa per fare questo…", "se ci fosse questo tipo di prodotto…": sono tutte frasi che possono aiutarci in questa fase. Frasi di test, di interazioni, di conferma o smentita, soprattutto di modifica.

Perché la nostra idea iniziale non potrà mai essere perfetta sin da subito. Avremo necessità di perfezionarla, di modificarla, di smontarla cento volte e ricostruirla. Non sarà mai un qualcosa di statico, figuriamoci all'inizio.

Ricordi? Devi essere predisposto al cambiamento. Predisposto a ricevere porte in faccia, a tutte le persone intorno che ti dicono che sei un folle se pensi che quella semplice necessità sia una buona idea.

Ricorda che senza farlo apposta, chi ti è intorno cercherà in tutti i modi di dissuaderti dalla tua ambizione, dal tuo sogno di uscire dalla ruota del criceto.

Per questo è importante alzare dei muri, proteggere sé stessi e la propria voglia di cambiamento da chi invece decide di rimanere per tutta la vita con la testa sotto la sabbia. Perché poi quelle saranno le stesse persone che saliranno o scenderanno dal tuo carro una volta che la tua attività sarà iniziata a seconda di come andrà.

La valutazione come la intendo nel mio metodo è un qualcosa che non riguarda esclusivamente il prodotto o servizio che hai in mente ma è una valutazione anche psicologica, una valutazione della tua forza ad affrontare un cammino stupendo e difficile allo stesso modo.

Per questo dico sempre ai miei clienti: io ti aiuto a partire ma ricordati che il novantanove per cento delle possibilità di successo dipende da Te, da quanta voglia hai realmente di uscire da una situazione di stallo lavorativo in cui magari ti trovi.

Valutare difatti vuol dire anche avere davanti a te un quadro molto chiaro di quali sono le possibilità che hai di fronte, comprendere fino a che punto puoi spingerti oppure fino a che punto puoi resistere nella tua situazione attuale.

Tutto il discorso che abbiamo fatto nei capitoli precedenti sul posto di lavoro e sui suoi rischi è parte integrante di questo ragionamento. Una volta chiarito dove vogliamo andare sarà molto più semplice arrivarci, te lo assicuro.

Detto questo, continuiamo quindi nel nostro ragionamento. Mettiamo di aver individuato un oggetto o un servizio che riteniamo possa essere lo spunto iniziale per un nostro progetto. E mettiamo anche di aver effettuato una valutazione del mercato a cui ci andremo a riferire.

Il punto seguente su cui voglio porre l'attenzione è quello di analisi di questo mercato, soprattutto in un'ottica di medio lungo termine.

Spesso l'errore che vedo fare a molti è quello di pensare a un proprio business valutandolo solo per il momento attuale, senza quindi pensare troppo a ciò che potrà accadere in un lasso di tempo più largo.

Questo secondo la mia esperienza è un grave errore, soprattutto perché rischiamo di considerare nel modo sbagliato il mercato di riferimento del nostro prodotto.

L'analisi che occorre fare parte dal valutare oggi il Nostro posizionamento sul mercato per poi proiettarlo realisticamente ai prossimi almeno tre anni cercando di immaginare le cose che possono cambiare rispetto a quello che vediamo oggi.

Pensare a quale cliente vogliamo rivolgerci oltre che al tipo di problema che andiamo a risolvere diventa fondamentale sia per un'azienda appena nata sia per un'azienda già avviata che ha la necessità di riqualificare la propria offerta.

Già, perché in realtà tutti questi discorsi che stiamo facendo impostati sulla nascita di una nuova attività sono però attualissimi e necessari anche per un'azienda già avviata che a maggior ragione ha la necessità di evolversi e guardare al mercato che sarà piuttosto che a quello che ha visto e in cui ha lavorato fino a oggi.

La valutazione quindi che dobbiamo fare non è solo rispetto al problema che risolviamo ma anche in che cosa vado a differenziare la mia offerta rispetto a quello che già c'è sul mercato, rispetto alla situazione della società attuale e rispetto ai cambiamenti che mi immagino nei prossimi anni.

Non ti spaventare, non è ovviamente un lavoro che devi fare per forza tutto da solo. Il bello di circondarsi di persone con competenze in vari settori come vedremo più avanti è proprio quello di riuscire poi ad avere un quadro sicuramente più realistico rispetto a quello che possiamo creare da soli.

Non che sia impossibile, intendiamoci, ma sicuramente guardare un prodotto, un servizio e il suo posizionamento in sei occhi piuttosto che in due dà certamente una visione più completa di ciò che stiamo creando.

E come dicevo, questo vale assolutamente anche per aziende già avviate perché la riqualificazione di un prodotto, la sua evoluzione rispetto al mercato, alla concorrenza e alla percezione che ha di lui il cliente è un lavoro costante nel tempo, che non termina mai e che deve essere sempre monitorato con molta attenzione perché rappresenta la base del nostro successo futuro.

Raggiungere infatti il posizionamento in un mercato di nicchia è sicuramente un obiettivo, ma poi diventa un qualcosa da continuare ad alimentare e monitorare per far sì che altri non si infilino nella nostra nicchia di riferimento.

Fondamentale anche qui è il mindset dell'imprenditore come spiegato nei capitoli precedenti, perché è importante essere molto attenti ai continui feedback che ci arrivano dal nostro target di riferimento al fine di migliorare il nostro prodotto o servizio.

Rimanere ancorati alla nostra bellissima idea può diventare un limite se non ci accorgiamo che le persone necessitano di qualcosa in più o di qualcosa di leggermente diverso.

Spesso si dice che non bisogna innamorarsi del proprio prodotto o servizio e lo confermo in pieno. Quando mi capitano persone che capisco che sono follemente innamorate di quello che hanno fatto e creato, cerco sempre di staccarle da una visione così San Valentiniana della loro azienda.

Questo perché spesso questa infatuazione rischia di non essere produttiva e di sviluppo per un'azienda che vuole durare nel tempo e avere successo.

È mio compito, e qui esce la differenza con altri professionisti del settore, non solo registrare la contabilità di un'azienda ma essere un vero e proprio consulente che, da esterno quale è, ha sicuramente una visione più larga rispetto all'imprenditore innamorato.

E se l'imprenditore tiene aperta la sua mente a questa necessità di input esterni, la collaborazione diventa sicuramente più proficua per tutti.

Un altro aspetto molto importante in questa fase di valutazione è sicuramente quello di capire nel concreto cosa differenzierà il tuo prodotto o servizio rispetto agli altri già presenti.

Quando parliamo di differenza non ci riferiamo esclusivamente all'aspetto visivo e pratico del prodotto o del servizio che abbiamo in mente di offrire ma ci riferiamo anche al suo aspetto più introverso.

Cosa può rappresentare per il tuo futuro cliente quell'oggetto? Che valore ha all'interno della sua vita sia essa lavorativa o personale? Che impatto produrrà sulla sua giornata e nella sua sfera di vita? Più ovviamente riusciremo ad essere incisivi su questo argomento, maggiore sarà il successo che otterremo.

Ricordiamoci sempre però che si tratta ancora di una prima fase molto embrionale, dove tutti questi spunti, che dobbiamo assolutamente mettere per iscritto, verranno poi ripresi in una seconda fase che vedremo tra poco, nella quale tutto ciò che abbiamo ipotizzato e preparato verrà messo alla prova dalle persone di cui ci circonderemo e, consapevolmente, dobbiamo sapere che potrebbe anche uscire totalmente diverso da questa prima fase.

Prima fase che però è fondamentale per avere uno spunto concreto e operativo di partenza. Dico sempre ai miei clienti di non tralasciare nessun input di quelli che la mente in autonomia nel corso della giornata produce perché tutti meritano sicuramente un approfondimento. E questo è un aspetto su cui vorrei soffermarmi un attimo.

Ti sarà sicuramente capitato di sentire qualche volta parlare di come sia utile staccare la spina. Quando si è in questa fase dove siamo ancora nella fase embrionale ma magari abbiamo già un'idea di massima è il momento giusto per approfondire questo aspetto.

Ritengo inutile come molti fanno di rimanere tutto il giorno o comunque molte ore concentrati nello spremersi su come risolvere un problema in generale o come migliorare un'idea nel nostro caso. In queste situazioni qui la mente fatica tantissimo a trovare una via di uscita.

Entra in una sorta di labirinto della nostra testa dove non sembrano esserci vie di uscita o dove comunque sembra che si faccia fatica a fare passi in avanti in un ragionamento.

Sono sicuro ti sia capitato almeno una volta: ecco, in questi casi la cosa migliore come molti consigliano è quella di staccare la spina e dedicarsi completamente a qualcos'altro. C'è una cosa però ancora più importante: durante questa fase "di riposo" la mente in realtà non si è dimenticata del labirinto in cui si trovava e continua in autonomia a lavorare per sbrogliare la matassa.

Di solito, quando ci riesce, manda un input al nostro pensiero esterno, un input veloce e che come arriva spesso se ne torna via con la stessa velocità.

Per questo diventa fondamentale capire ed essere consapevoli di questo stato e quando capita andare subito ad appuntarsi su un foglietto o sul cellulare il pensiero che è arrivato perché potrebbe essere la nostra salvezza.

Molti hanno definito nel passato questa situazione come la famosa accensione della lampadina di Archimede e molti inconsciamente pensano che questa peculiarità sia destinata solo a persone di un'intelligenza superiore.

In realtà è un processo mentale automatico che abbiamo tutti, per forza di cose. È un processo naturale come molti che abbiamo tutti noi in comune. La differenza è che siamo in pochi a rendercene conto e soprattutto in pochi a sfruttare questa immensa risorsa che abbiamo dentro di Noi.

Per questo, come nei discorsi fatti precedentemente, teniamo a mente questa "competenza", questa informazione ricevuta e rielaboriamola nella nostra mente per poterla sfruttare quando sarà necessario.

Come ti ho già spiegato ci saranno, come è normale che sia in un percorso, sia esso lavorativo o personale, dei momenti di difficoltà, delle fasi di stanca dove sembra che stiamo buttando solo via del tempo e dove vediamo sempre il bicchiere mezzo vuoto.

È in questi momenti che risorse naturali come questa, unite alla determinazione e alla voglia di vincere sulle proprie paure e debolezze, ci aiutano a superare i problemi che ci troveremo di fronte. Chiusa questa piccola ma importante parentesi continuiamo il nostro percorso di valutazione.

Abbiamo, nel corso di queste pagine, compreso da cosa partire per ricercare una peculiarità o un problema da risolvere all'interno di un contesto che di base ci piace e su cui vogliamo lavorare, sia esso derivante da un'attività lavorativa o da un hobby.

Abbiamo anche compreso che questo problema necessita per forza di cose di una soluzione che non deve essere fine a sé stessa ma si deve inserire all'interno di una valutazione più ampia del mercato a cui vogliamo andare a fare riferimento.

Abbiamo visto come questa soluzione deve avere possibilmente non solo un valore pratico, concreto, ma anche etico, di beneficio personale alla vita delle persone che lo utilizzeranno.

Abbiamo infine esaminato come tutto il pensiero che noi creiamo intorno a un'idea deve essere mobile, deve cioè non essere fermo e statico ma deve evolversi in base agli input che riceviamo.

Input che ci vengono dati sia attraverso feedback esterni di magari primi utilizzatori o semplicemente pareri di persone con cui ne parliamo, sia da professionisti o collaboratori di cui ci andremo a circondare per dare vita e concretezza alla nostra idea.

Tutto questo ovviamente inserito all'interno di un contesto che deve essere quello di un qualcosa che davvero ci piace fare e di cui vogliamo interessarci, andando ad accrescere ogni giorno intorno a lui le competenze necessarie nei vari segmenti con cui dovremo per forza di cose interfacciarci.

Dovremmo adesso anche aver chiaro che è in questa fase che di solito si alimentano le paure più forti come quella di non farcela, ma che in realtà dovremmo anche aver compreso come invece questa paura debba essere la nostra forza nel trovare la giusta soluzione.

Quello che andremo a fare ora è uno step successivo molto importante che è il preludio alla concretizzazione di tutta questa frase.

Quello che dovremo analizzare insieme sarà la seconda fase del nostro metodo e cioè l'ideazione che, come suggerisce la parola, inizia ad essere un nodo cruciale tra l'idea e l'azione, tra il rendere un qualcosa di astratto un qualcosa di reale e concreto.

Prima però dobbiamo capire insieme come arrivarci, con quali strumenti e soprattutto con quali persone. Ci tengo a sottolineare come questa fase, come tutte le altre in realtà, sia importantissima non solo per chi è nella fase di start up di un progetto ma anche per chi è nella sua fase più avanzata di azienda matura ma che ha la necessità di evolversi con un mercato che mai come ora corre velocissimo.

Questo percorso che stiamo seguendo è applicabile a ogni azienda di qualsiasi dimensione, anzi dovrebbe essere un percorso che almeno una volta l'anno viene rivisto e rivisitato con il fine di essere sempre costanti e aggiornati con l'evoluzione in atto.

RIEPILOGO DEL CAPITOLO 3:

- SEGRETO n. 1: un problema nasce per essere risolto. Quella soluzione è ciò che deve interessarti.

- SEGRETO n. 2: un prodotto o un servizio non è importante solo per la sua funzionalità ma anche e soprattutto per il beneficio personale che genera.

- SEGRETO n. 3: è importante essere flessibili e oggettivi durante lo sviluppo di un progetto senza innamorarsene perdutamente.

- SEGRETO n. 4: nei momenti dove non facciamo nulla nascono le migliori intuizioni. È importante saperle riconoscere e afferrarle.

- SEGRETO n. 5: la valutazione del proprio progetto deve essere fatta annualmente anche per aziende già avviate.

Capitolo 4:
Come (I)deare il proprio progetto

Iniziamo a entrare nel vivo del nostro percorso in quello che è, secondo me, uno snodo fondamentale di qualsiasi attività. Come abbiamo già avuto modo di dire, il padre padrone di un'azienda non esiste più e sempre meno esisterà nei prossimi anni.

Se questo ad alcuni può spaventare, a molti spero invece piaccia. Già, perché rendersi estranei alla propria attività, come già detto, deve essere il mantra da seguire nel corso degli anni.

Ritengo che sia impensabile e ingestibile riuscire a tenere tutto sotto il controllo di un'unica persona, per quanto responsabile e affidabile.

Come ritengo allo stesso modo che sia errato occuparsi di un solo reparto o concentrarsi solo sulle vendite o solo sul prodotto.

Per questo ora cercheremo insieme di fare uno step in più andando ad analizzare le cinque figure che secondo me sono imprescindibili in ogni tipo di azienda.

Attenzione, non parlo né di figure dipendenti, nel senso che non vi sto chiedendo di assumere cinque persone, né di figure totalmente esterni all'azienda, per esempio professionisti pagati semplicemente per darci un servizio. Quello di cui parlo e che spero ti sia ben chiaro sono figure che rappresentino parte attiva del progetto.

Gente che in qualche modo si deve innamorare della tua idea, deve percepire un qualcosa nella tua idea che lo stimoli a fare quel passettino in più che non sia esclusivamente l'apporto o il vantaggio economico.

So che può sembrare strano ma ti assicuro che se non ci scoraggiamo al primo tentativo queste persone esistono e, una volta che le avremo individuate, ti garantisco che recupereremo in un attimo tutto il tempo "perso", anzi direi utilizzato, per la ricerca.

Ci tengo a sottolineare l'utilizzato e non il perso: se ti può sembrare strano dedicare magari un mese alla ricerca di una figura prendendo decine di no, o scartando decine di soggetti magari anche qualificati ma non sufficientemente appassionati, non è assolutamente tempo perso.

Stai risparmiando una marea di soldi e tempo che dopo davvero avresti perso e magari anche con gravi conseguenze economiche. Per questo dico utilizzato: perché è un'attività di ricerca fondamentale nel momento iniziale di un percorso.

Le tue cinque figure che adesso vedremo a quel punto saranno parte integrante del tuo progetto e la facilità con la quale ogni cosa prenderà forma e vita ti sorprenderà e ti ripagherà di ogni goccia di sudore versata.

Mi è capitato spesso di vedere clienti che, nella loro idea, volevano velocizzare i processi pagando persone esterne senza nemmeno accertarsi delle reali capacità della persona con cui parlavano.

In questo caso la differenza come abbiamo già detto la fanno le competenze, anche minime, che però l'imprenditore deve sforzarsi per forza di cose di avere per evitare di inciampare in persone che chiacchierano, magari molto bene, ma che nell'evidenza dei fatti concreti poi si perdono.

Entrando nel dettaglio ho analizzato nel corso degli anni centinaia di aziende e dalla mia esperienza ho notato che le macroaree indispensabili per la buona nascita e crescita di un'azienda possono raggrupparsi in cinque reparti.

Il primo fondamentale, e non solo perché è quello di cui mi occupo in prima persona, è quello fiscale-commercialistico. Ovviamente in questo caso possiamo andare avanti abbastanza velocemente, in quanto tutti i motivi sono quelli raggruppati nel libro che stai leggendo con particolare attenzione ai prossimi due capitoli che leggerai.

Ci sono una serie di analisi, valutazioni e quindi decisioni da prendere che partono ancor prima che la società realmente esista e per questo motivo ritengo questa figura, o reparto che dir si voglia, forse la più importante in assoluto. Anche in riferimento a una gestione del rischio di cui abbiamo parlato e che riaffronteremo più nel dettaglio tra poco.

Il secondo reparto che per mia esperienza diventa importante oggi giorno è quello legale. So che di base non sono molti quelli appassionati di questa materia e soprattutto molti se ne lavano le mani sperando sempre di non dover aver necessità di arrivare a un punto di vista legale.

In realtà, anche qui purtroppo molti sbagliano, la figura del legale non è solo quella che ci accompagna in tribunale in caso di problemi con la giustizia (così viene disegnato in molti film e in molte teste delle persone) ma va molto oltre, collegandosi anche con la figura fiscale del commercialista.

Il legale difatti è anche colui che stipula per l'azienda i migliori contratti commerciali possibili facendo attenzione alle varie clausole che in esso vengono inserite.

Ma è anche quello che può accompagnarci in un percorso di

brevetto o registrazione di un marchio nel migliore dei modi. Strategie queste molto utili anche per risparmiare tasse e lo vedremo dopo, oltre che per dare valore all'azienda stessa.

In questo contesto voglio fare un piccolo spoiler dicendoti che per esempio, nel nostro studio, la figura del legale è compresa nel mandato di contabilità che offriamo ai nostri clienti. Questo a rafforzare il concetto per cui è non solo una figura strettamente correlata ma necessaria.

Spesso molti non la utilizzano o non la inseriscono nelle loro strategie perché si immagina sia un costo che si può risparmiare. Innanzitutto, questo tipo di figura non è un costo ma un investimento, e c'è molta differenza.

Un investimento tra l'altro positivo (concetto anche questo già visto precedentemente) perché andrà a toglierci sul nascere una serie di problematiche che di solito vengono poi demandate all'avvocato solo a problema ormai acclarato con notevole spesa maggiore per l'azienda.

Qui vale invece il prevenire è meglio che curare e, a maggior ragione, abbiamo deciso di inserirlo tra i nostri servizi aggiuntivi gratuiti per i Nostri clienti, per farne comprendere l'importanza.

Terzo reparto fondamentale in un'azienda è indubbiamente quello del marketing. Marketing inteso come pubblicità a 360° che, nonostante quello che si dice, resta senza ombra di dubbio il vero motore di ogni azienda.

È un mondo non semplice quello del marketing, sia per la varietà di offerte e di canali presenti, soprattutto dal punto di vista dell'online, ma anche per l'enorme concorrenza che c'è al suo interno, con il rischio quindi di complicare la scelta da parte di un imprenditore totalmente impreparato sull'argomento e con la conseguenza quindi di essere purtroppo poi soggetto a delusioni e perdite ingenti di denaro e tempo.

È un ramo strategico importantissimo per un'azienda, qualsiasi sia la sua dimensione, e proprio per questo, quindi, necessita non solo di avere almeno un minimo di competenze nel settore ma anche di un accompagnamento professionale nelle scelte decisive.

Quarto reparto che andiamo ad analizzare e strettamente correlato al marketing anche se diverso, è quello delle vendite. Di primo occhio penserai che marketing e vendite siano la stessa cosa. In realtà assolutamente no: sono una il proseguire dell'altra.

Un'azienda può avere un'ottima strategia di marketing ma una pessima predisposizione poi a trasformare i contatti derivanti dal marketing in una vendita e quindi in un incasso reale per l'azienda.

Viceversa, un'azienda può avere a disposizione i migliori venditori sul mercato ma se il marketing, inteso non solo come strumento di contatto ma anche come disegno dell'offerta, delle presentazioni e di tutte una serie di altre variabili, non funziona o non è ben predisposto, difficilmente si riusciranno a chiudere delle vendite.

Questo concetto è molto importante e ti invito a rileggerlo anche più volte qualora non ti fosse chiaro.

Nel concetto comune c'è un rischio molto alto di pensare che le due cose siano unificabili, ma un'azienda sana deve predisporre un reparto che lavori sulla presentazione e sullo sviluppo di canali di contatto e un altro che lavori sulla loro trasformazione in vendite e quindi fatturato.

Ultimo reparto che andiamo ad analizzare, e non è un caso se l'ho lasciato per ultimo anche se molti possano pensare sia il primo, è lo sviluppo del prodotto o del servizio che offriamo. Questo non significa che non sia importante ma è l'ultima cosa che i clienti oggi cercano.

Il mondo è pieno di prodotti o servizi, molti anche unici e senza concorrenza. Il problema, che poi in realtà è un'opportunità, è che i clienti oggi non acquistano più il prodotto ma acquistano i valori e l'empatia che il brand trasmette. Elemento fondamentale questo: meriterebbe probabilmente un libro a parte e magari un domani me ne occuperò.

Quello che è importante nel nostro ragionamento è ovviamente comprendere che, come tutti gli altri reparti, lo sviluppo del prodotto non può rimanere statico e ancorato ma deve essere in costante evoluzione, seguendo i cambiamenti del mercato e rimanendo collegato alla sua fan-base per percepirne i feedback e i miglioramenti più importanti da apportare.

Cos'è la fan-base? Tranquillo niente di complicato. È un termine molto in voga, adesso, che indica sostanzialmente le persone che si innamorano letteralmente non del nostro prodotto ma del messaggio che trasmettiamo tramite il nostro prodotto.

Una volta che hanno sposato questo messaggio a molti di loro non interesserà nemmeno più se venderemo scarpe o magliette, acquisteranno da Noi a prescindere.

Questo è un concetto di marketing molto forte e che dà l'idea, ancora di più, di come in realtà questi cinque reparti siano e debbano essere interconnessi tra di loro in maniera quasi indissolubile.

Ora che hai più chiaro e che abbiamo analizzato una a una le cinque aree di un'azienda non spaventarti. Non significa né che devi averle tutte già dall'inizio (alcune sì ovviamente) né che devi occuparti di tutte tu.

Il concetto delle competenze su cui ho battuto più volte nel corso del libro è propedeutico proprio a questa fase dove ci troveremo con assoluta tranquillità e consapevolezza a dover delegare delle parti di lavoro.

Delegarle ovviamente con cognizione di causa: avendo già delle procedure di lavoro e soprattutto masticando, almeno in parte e in modo superficiale, i termini di ogni settore, con lo scopo ovviamente di poter valutare nel miglior modo possibile poi le figure che inseriremo e con le quali collaboreremo per lo sviluppo aziendale.

Persone che, sottolineo ancora perché fondamentale, devono essere innamorate della nostra visione, del percorso che abbiamo in mente di fare. Requisito questo fondamentale per far crescere un albero solido e dalle radici profonde e ben radicate.

Possono sembrarti dei concetti complicati o difficili ma ti assicuro che se seguirai questi passaggi e le nostre indicazioni (già, perché se vorrai potremmo farlo insieme e scoprirai più avanti come) saranno molto più semplici di quanto immagini.

Cosa importante in questo momento, e questo è il mio scopo, è il fatto di renderti cosciente di questa necessità, farti comprendere i vari step e i vari metodi di ragionamento che ci sono dietro un'impresa.

Fare impresa è un qualcosa di stupendo, qualcosa che io consiglierei almeno una volta nella vita di provare a chiunque.

Farlo però con i giusti strumenti e le giuste conoscenze è ancora più importante per evitare poi di finire tra quelli che si lamentano delle tasse, dello Stato o della situazione della società o della crisi del mercato.

Tutte scuse e paure celate dietro una mancanza di conoscenza che, e qui mi prefiggo il mio obiettivo, voglio solo cercare di farti capire con i fatti quanto siano più problemi della nostra testa che reali, come già accennato precedentemente.

A supporto di tutto questo andiamo a inserire un ulteriore termine molto importante e che, anche qui, molte aziende valutano solo in epoca matura mentre, secondo me, è una delle prime fasi quantomeno da tenere in considerazione e valutare sin dalla nascita. Sto parlando della gestione del rischio.

Esiste un modo semplice per gestire il rischio d'impresa? Sì, si chiama appunto gestione del rischio d'impresa, in inglese "Enterprise Risk Management" o Erm.

È un metodo per valutare nella maniera più oggettiva possibile tutti i rischi e le opportunità che la nostra azienda contiene e decidere quindi dove e come impiegare energie, tempo, persone e soldi, per garantire una vita lunga e felice all'azienda.

Come funziona?

Si prende l'azienda, si scompone in tanti pezzi, che non sono tipicamente le funzioni tradizionali che tutti conosciamo, come per esempio acquisti, vendite, amministrazione ecc. ma sono i rischi e le opportunità che interessano questi settori in modo trasversale, come ad esempio:

- Modello di business

- Efficacia ed efficienza del marketing

- Clima emotivo

- Presenza di uomini chiave

- Efficacia ed efficienza del controllo di gestione

- Rischio insolvenza clienti

- Altro.

I rischi/opportunità da analizzare possono essere classificati in molti modi diversi, tutti validi, noi per semplicità amiamo questa suddivisione:

Strategici: le scelte di base e le competenze delle persone.

Operativi: come si fanno le cose all'interno.

Finanziari: come si muove il denaro.

Normativi: rispetto delle norme (in particolare il nuovo dlgs. 14/19).

Puri: ovvero gli unici rischi che possono solo impattare negativamente sull'attività (incendi, alluvioni, terremoti, pandemie ecc.).

In definitiva, cos'è il Risk Management? È la capacità di considerare l'azienda come un insieme complesso di rischi/opportunità generati e gestiti dalle persone, e non come una macchina composta da sterili funzioni. Cosa non è invece il Risk Management?

Non è burocrazia.

Non è l'ennesima certificazione.

Non è teoria, ma pratica e sudore.

Non è una cosa per grandi aziende o multinazionali.

Non è una faccenda puramente finanziaria o tecnico-analitica ma parte dal rapporto rischio/opportunità madre: le persone e la loro condizione emotiva attitudinale nell'ambiente di lavoro, per approdare all'impatto sull'organizzazione.

Come si fa? Partiamo dalle definizioni. Il rischio è un evento, che può generare impatti positivi o negativi, dato dal prodotto tra probabilità che un fatto si manifesti e l'impatto che si genera su un determinato asset: R = P x I.

In parole povere, facciamo un esempio:

Rischio: devo attraversare la strada.

Asset: il mio corpo.

Probabilità: da valutare in base al traffico, alla visibilità, alla velocità dei mezzi ecc.

Impatto: da valutare su una scala, da ferita lieve a morte certa.

Di fatto, siamo tutti gestori di rischi in modo inconsapevole, la natura ci ha dotato di istinto di sopravvivenza che elabora con grande velocità e continuità la nostra bella equazione di primo grado:

$R = P \times I$ e prende decisioni tipo attraversare o aspettare. Facile, vero? Dipende. Proviamo a riportare questo esempio su una dinamica più complessa, ad esempio la dipendenza da uomini chiave in un contesto aziendale.

Definiamo il rischio: l'azienda può continuare a operare a pieno regime se quella persona è assente?

Definiamo gli asset: questa volta gli asset possono essere

molteplici e basati su parametri misurabili in modo oggettivo, ad esempio ricavi, costi, margini o flussi di cassa.

Definiamo la probabilità: quanto è probabile che questa persona abbandoni il suo posto di lavoro per cause volontarie (offerte di altri concorrenti, cambiamenti nella sua condizione personale, contrasti con i colleghi, altri desideri ecc.) o accidentali (incidenti, malattie, eventi vari ecc.)

Definiamo l'impatto: quanto il rischio di dipendenza da questa figura chiave impatta sugli asset? Se scompare improvvisamente, quanto fatturato perdo? Quali e quanti costi devo sostenere per sostituirlo? Quanta liquidità devo avere?

Sempre in relazione al concetto di probabilità e impatto, riteniamo sia doveroso dedicare una pagina al Covid-19. È quell'evento che Nassim Nicholas Taleb, autore ed esperto di matematica finanziaria, definisce "cigno nero".

Il cigno nero, dunque, è un evento la cui probabilità che accada è prossima allo zero, ma l'impatto è tendente a infinito. Vi sareste mai aspettati che un'epidemia, diventata pandemia globale, impattasse in maniera tale da paralizzare l'economia mondiale? Ebbene è accaduto. E cosa hanno fatto le imprese "prima" che accadesse per ridurre l'impatto della paralisi? Nulla.

Perché a guardare numeri e previsioni, pare se la stiano cavando solo le grosse holding, che assumono i dipendenti a partire dalle loro competenze soft e hanno il risk manager all'interno dell'azienda. Guarda un po'.

Ecco perché chiediamo ai nostri clienti di simulare sempre uno scenario d'impatto devastante per valutare quanto tempo possono resistere senza liquidità. Il cosiddetto risk appetite o stress test.

L'errore più comune anche qui è pensare che sia un qualcosa di complicato o che siano solo le aziende già avviate a doversene preoccupare.

La forza del Metodo Vics in realtà è proprio quella di prevenire come un bravo medico le problematiche che possono sorgere e che sicuramente sorgeranno, avendo però ben chiaro dall'inizio come eventualmente affrontarle e fronteggiarle.

È come andare in battaglia conoscendo però già le mosse del nemico e quindi potersi muovere di conseguenza. Sarai d'accordo con me che il vantaggio in questo caso non solo sarà importante ma sarà devastante per il nemico che, nel nostro caso, è rappresentato dal rischio di impresa e quindi dalla paura di non farcela.

Avendo invece questi strumenti si va innanzitutto a calmare la nostra anima e, di conseguenza, a generare un impatto positivo sia nel tuo modo di lavorare sia nel modo di lavorare delle persone di cui ti circonderai.

E non pensare che sia complicato: è molto più complicato fare quello che sto cercando di fare io e cioè spiegarti nel dettaglio i vari passaggi necessari.

Ti assicuro che una volta che avrai fatto tuoi i molti concetti presenti in questo libro, guarderai tutto da una prospettiva diversa e se ancora non dovessi coglierla al 100% non ti preoccupare perché, se avrai interesse, noi ci siamo per utilizzare il Nostro metodo anche con Te come già facciamo con molte aziende in tutta Italia.

Non voglio venderti nulla, attenzione, ma voglio renderti consapevole e ovviamente poi dirti e tranquillizzarti con queste parole: "non ti preoccupare, se vorrai noi saremo al tuo fianco". Questo è lo spirito del commercialista che voglio essere e questo sarò sempre.

Ora, abbiamo già fatto un bel pezzo di strada nel nostro ragionamento e percorso. Abbiamo analizzato insieme sia i fattori psicologici, sia i fattori tecnici che saranno poi alla base della fase di concretizzazione, quella fase in cui non basta più ovviamente conoscere e avere le competenze ma c'è necessità di mettere in pratica, di fare "azione".

Una delle cose che so per esperienza è che il 90% delle persone poi si blocca e il motivo per cui lo fa, dopo il nostro percorso, ora dovrebbe esserti chiaro.

Se invece sei arrivato già solo fin qui hai tra le mani un oro importante che è quello della conoscenza dei difetti umani e tra questi non c'è sicuramente l'azione che di contro è invece il motore del nostro spirito.

Da qui in poi ci muoveremo concretamente. Andremo ad analizzare nel dettaglio i primi passaggi e arriveremo rapidamente a farti capire quanto tutto quello che per anni hai letto e sentito sull'impresa sia molto più semplice di quello che pensi.

Un'ultima cosa prima di procedere e ci tengo in modo particolare: ho conosciuto centinaia di colleghi nel corso degli anni, affermati e no, e tutti mi hanno consigliato, perfino oggi, di abbandonare l'idea di lavorare con le start up o con aziende neonate dove magari nessuno ha mai fatto l'imprenditore e non conosce nessun termine necessario a uno sviluppo di impresa. E sai perché? Perché la start up non ha soldi.

Come se, per la stragrande maggioranza dei professionisti, fosse quello il problema: trovare dei contatti che abbiano soldi a cui prospettare il loro insuperabile lavoro a prezzi fuori mercato solo perché hanno raggiunto uno status.

Beh, sai che ti dico: io me ne sono sempre fregato di queste considerazioni e ritengo che ognuno debba disporre almeno della possibilità di poter crescere dal punto in cui si trova.

Se io già solo con questo libro ho stimolato nel 2% delle persone che lo leggeranno un input positivo avrò raggiunto il mio scopo: dar loro una possibilità di crescere che non sia legata al discorso economico.

Già, perché te lo accenno anche se non dovrei: il compenso che di solito io e il mio staff chiediamo non è legato a un lavoro astratto ma a un risultato. Se io e il mio staff non forniamo gli strumenti, anche economici, per far sì che l'azienda possa partire, o ripartire se si tratta di aziende già avviate, non chiediamo nulla.

In questo modo io ho svolto il mio compito umano, e cioè quello di aiutare qualcuno a vedere concretizzarsi il proprio sogno, ricevendo un compenso solo nel momento in cui questo sogno diventa realtà.

Poco? Tanto? Non lo so. So solo che per me ognuno merita una possibilità e se qualcuno al momento è in difficoltà non importa. Prima lo aiuto e poi vengo pagato per il mio lavoro.

Ti chiedo scusa, non è l'obiettivo di questo libro questo tipo di informazioni ma mi sento talmente coinvolto e talmente emozionato da quello che sto facendo che spero che la mia emozione venga percepita da queste parole come se fossimo davvero davanti a un caffè.

Vorrei solo farti comprendere il mio tentativo di dare una vita e soprattutto un'anima a questo libro, di renderlo veramente almeno il mio manifesto e sono certo che coglierai questa empatia. Scusa la digressione ma era importante. Andiamo avanti perché ora c'è da fare "azione".

RIEPILOGO DEL CAPITOLO 4:

- SEGRETO n. 1: le figure chiave di un'azienda non devono essere per forza dei dipendenti.

- SEGRETO n. 2: ogni azienda necessita di 5 figure fondamentali: fiscale, legale, marketing, vendite e sviluppo prodotto.

- SEGRETO n. 3: la fan-base è la parte di ascolto più importante da cui ricavare le migliori informazioni di crescita.

- SEGRETO n. 4: il rischio di impresa è un manuale da generare, conservare e seguire sin da subito e non successivamente.

- SEGRETO n. 5: l'obiettivo di questo libro è dare la consapevolezza e l'aiuto concreto per far sì che chiunque possa almeno avere una possibilità.

Capitolo 5:
Come (C)oncretizzare il proprio percorso

Se sei arrivato fino a questo punto della lettura hai ormai chiaro cosa occorra per entrare in un mercato e come impostare teoricamente il tuo progetto.

Resta però la parte più concreta e anche tecnica che, molto spesso, risulta uno degli scogli più difficili da superare. So già cosa stai pensando in questo momento: "Fantastico, avrei grandi potenzialità con la mia idea di progetto ma non ho i soldi necessari, chissà quanto tempo ci vuole per avviare un'impresa con tutta la burocrazia italiana, quante tasse mi faranno pagare ecc. ecc.".

Tutto vero; sicuramente il nostro amato Bel Paese non è il luogo più semplice dove fare impresa ma ti assicuro che con la giusta programmazione ci si può riuscire e con molto meno tempo di quello che pensi, pagando molte meno tasse di quanto immagini.

Seguimi nei ragionamenti delle prossime pagine e ti spiegherò come.

Il momento in cui si apre un'impresa è una delle *sliding doors* più importanti dell'attività di un imprenditore e, conseguentemente, diventa un momento chiave della sua vita, economica e non.

Già, perché è proprio quando stai costituendo la tua impresa che devi mettere insieme tutti i tasselli per far sì che questa sia dinamica, che riduca al minimo il carico fiscale, che sia finanziabile.

Il primo passaggio da non fallire per raggiungere i tre obiettivi appena citati è la scelta della corretta forma giuridica. Il nostro ordinamento ne prevede molte e ora te le presento nel modo più comprensibile possibile per farti capire qual è quella che fa maggiormente al caso nostro.

Tralasciando l'associazione e le società semplici che sono forme giuridiche, rispettivamente, concernenti aziende non profit e aziende non commerciali (se vuoi portare a termine un progetto solo per il piacere di farlo senza attenzione al tuo guadagno hai sbagliato sia libro che commercialista, è meglio che ti fermi qui e cerchi altro!), partiamo da quelle apparentemente più semplici per arrivare a quelle apparentemente più complesse.

Presta attenzione all'avverbio *apparentemente*; scommettiamo che al termine di questo capitolo l'apparenza sarà ribaltata?

La ditta individuale e il libero professionista, utilizzabili alternativamente a seconda che vendiamo merci o offriamo servizi, sono due forme giuridiche che impongono la presenza di una sola persona.

Non è prevista la figura del socio ma solo quella del titolare che, eventualmente, può assumere dei dipendenti con tutti i rischi e gli oneri fiscali del caso.

Si tratta di una forma giuridica molto semplice e veloce nella costituzione con costi amministrativi ridotti che però non separa il patrimonio aziendale da quello individuale; il che significa che dei debiti contratti dal titolare (che poi saresti tu) ne risponde il titolare stesso (che poi saresti sempre tu) sia con il patrimonio dell'impresa che con quello personale. Sintetizzando: se andasse male potresti perdere tutto!

Passiamo alle società di persone che comprendono le società in nome collettivo e le società in accomandita semplice. Le società in nome collettivo prevedono l'obbligo che l'impresa sia costituita da almeno due soci. La sua costituzione richiede l'intervento del notaio e, di conseguenza, tempi più lunghi e costi rilevanti.

Le stesse caratteristiche della società in nome collettivo le ritrovi anche nelle società in accomandita semplice con l'unica differenza che nella prima entrambi i soci rispondono con il proprio patrimonio personale solidalmente alla società per i debiti contratti, mentre nella seconda un socio risponde con il proprio patrimonio solidalmente per i debiti contratti dalla società mentre l'altro non risponde con il proprio patrimonio dei debiti contratti dalla società.

Per tornare alla metafora che sintetizza tutte le forme giuridiche

che ti sto presentando, nella società in nome collettivo, se andasse male, entrambi i soci potrebbero perdere tutto mentre nella società in accomandita semplice se va male solo uno dei due soci potrebbe perdere tutto!

Veniamo infine alle società di capitali, *the last but not the least* per dirla all'inglese, che si distinguono in società a responsabilità limitata semplificata, società a responsabilità limitata e società per azioni.

Le società a responsabilità limitata, semplificata e no, sono due tipologie di società che possono essere costituite da uno o più soci. Per la costituzione è necessario l'intervento del notaio che prevede dei tempi non troppo lunghi (solitamente non più di una settimana/dieci giorni da quando si decide di costituire).

Queste due tipologie di società ci permettono di introdurre un concetto che risulterà fondamentale nelle nostre scelte strategiche che è quello dell'autonomia di capitali. Lo so, ti stanno già venendo i capelli dritti! "Che significa autonomia di capitali? Sono cose troppo tecniche, non le capirò mai".

Fermati, fai un bel respiro e ritorna nella comfort zone che avevamo costruito sin qui. Ti sto per introdurre un concetto che risolverà una parte consistente dei tuoi blocchi che abbiamo individuato nei primi capitoli e te lo faccio capire in maniera semplice semplice.

L'autonomia di capitali è quel concetto secondo il quale dei debiti contratti dalla società risponde solo ed esclusivamente la società stessa e solo ed esclusivamente con il proprio patrimonio con la piacevole conseguenza che il patrimonio personale dei soci di una società a responsabilità limitata, semplificata e non, non viene intaccato.

Ricordi l'esempio che ho usato per presentarti le precedenti forme giuridiche? Se va male nessun socio rischia di perdere il proprio patrimonio personale, di qualunque genere esso sia (liquidità, beni immobili, veicoli e chi più ne ha più ne metta).

L'unico elemento che distingue una società a responsabilità limitata "classica" da una a responsabilità limitata semplificata è il capitale minimo: nelle società a responsabilità limitata "classiche" il patrimonio minimo da introdurre è pari almeno a 10.000 euro di cui il 25% (2.500 euro) va versato al momento dell'atto del notaio, mentre nelle società a responsabilità limitata semplificate non vi sono limiti alla dotazione di capitale; potresti costituire una società a responsabilità limitata semplificata dove ogni socio mette solo 1 euro... sì, hai capito bene, 1 euro!

E nello stesso tempo entri comunque nel fantastico mondo dell'autonomia di capitale. A completare il quadro delle società di capitali abbiamo la società per azioni che è rivolta a imprese di grandissime dimensioni, spesso multinazionali che, a loro volta, controllano altre società più piccole e vendono sul mercato, spesso anche in borsa, porzioni del loro capitale sociale.

Anche in queste ultime è presente l'autonomia di capitale ma, trattandosi di notevoli dimensioni, è necessaria una dotazione di capitale iniziale pari ad almeno 120.000 euro.

Oltre a ciò, è prevista una serie di complicazioni negli adempimenti fiscali e contabili sempre in considerazione della dimensione esponenziale di queste entità economiche.

Avrai già capito che è un qualcosa al quale magari arriveremo (mai porsi dei limiti!) ma che, per il momento, non è adatta per l'avvio della nostra impresa.

A questo punto il quadro è chiaro e posso entrare nel dettaglio dicendoti che, senza ombra di dubbio, la forma giuridica che maggiormente si adatta a te è quella della Società a responsabilità limitata semplificata (abbreviata nell'acronimo Srls).

È la scelta migliore perché ti permette di avere la famigerata autonomia di capitale, di cui non usufruiresti in caso di ditta individuale, libero professionista e società di persone, e allo stesso tempo riduce al minimo l'esborso di liquidità iniziale, che per via del capitale minimo necessario sarebbe maggiore nella società a responsabilità limitata "classica" e nelle società per azioni.

Nella Srls, infatti, il capitale minimo non esiste (come ti ho già anticipato puoi costituirla anche con 1 euro!) e, pur prevedendo l'intervento del notaio, quest'ultimo deve obbligatoriamente applicare dei prezzi calmierati per la costituzione che devono restare nell'ordine di qualche centinaia di euro.

Riepilogando, la società a responsabilità limitata ti permette di proteggere il tuo patrimonio attraverso il meccanismo dell'autonomia di capitale con costi di avvio molto ridotti.

Infine, la Srls, se ben organizzata e strutturata seguendo le linee guida che troverai nel prosieguo del manuale, offre notevoli possibilità di ottimizzazione fiscale, termine che approfondiremo nel prossimo capitolo ma, nel frattempo, ti basti sapere che identifica l'ottenimento del maggior risparmio fiscale possibile, ed è l'unica forma giuridica che permette l'accesso alla forma di finanziamento che ho scelto, dopo anni di analisi del mercato, per portare la tua azienda a crescere da zero a infinito che è il cosiddetto microcredito (già indicativamente presentato nel secondo capitolo e che approfondiremo ancora di più tra poco).

Naturalmente ciò non toglie che, qualora tu abbia bisogno di una forma giuridica diversa per i motivi più disparati (ad esempio per partecipare a un bando pubblico che richieda esclusivamente una specifica forma giuridica), esistono dei meccanismi che permettono di ridurre le criticità riscontrate nelle forme diverse dalla Srls.

Ricordi Francesco, l'imprenditore che ha brillantemente risalito la china dopo esser stato sull'orlo del baratro, che ti ho presentato nell'introduzione?

Nell'azienda che ha segnato il suo rilancio aveva necessità della forma giuridica della società a responsabilità limitata "classica" per poter accedere a un finanziamento pubblico a tasso zero (nello specifico lo Smart & Start erogato da Invitalia); a quel punto sembrava non potessimo esimerci dal limite di capitale minimo da versare nella società (i 2.500 euro di cui ti parlavo qualche pagina fa) e invece così non era.

Al posto di versare il capitale come soldi liquidi, abbiamo inserito nel capitale stesso il valore del progetto aziendale, naturalmente dopo aver svolto una perizia veritiera e attendibile.

Risultato: ottenimento della forma giuridica richiesta dal bando e bando vinto riducendo al minimo l'esborso iniziale per il nostro

Francesco.

Perdona questo piccolo excursus che ho ritenuto necessario solo per farti capire che il metodo Vics è sicuramente standardizzato, per renderlo semplice e applicabile, ma gode anche di una grande capacità di problem solving qualora le situazioni contingenti ci costringano a uscire dal nostro binario.

Inoltre, Vics, ci tengo a ribadirlo, è applicabile anche a chi ha già un'impresa e magari non ha necessità (beato lui!) di chiedere finanziamenti perché magari svolge un'attività che, al momento, non necessita di investimenti ulteriori ma vuole comunque approfittare dell'autonomia di capitali e dell'ottimizzazione fiscale.

Mi è accaduto non più di sette mesi fa, in pieno lockdown con tutte le criticità e le preoccupazioni che un imprenditore poteva avere in quel periodo. Un'azienda che produce birra artigianale era costituita sotto la forma di ditta individuale e, di conseguenza, si trovava a versare delle imposte molto alte ma, soprattutto, visto anche il periodo di forte incertezza, il patrimonio dei singoli soci era comunque esposto totalmente.

È stato proprio in quel momento che per risolvere queste due problematiche ci siamo orientati verso la trasformazione in Srls. Problema risolto? Macché. Trattandosi di un'azienda che prevede l'iscrizione all'Agenzia delle Dogane in quanto produttrice di bevande alcooliche, quest'ultima, come spesso succede nei meandri della nostra burocrazia, non ha autorizzato la trasformazione (non si capisce bene per qual oscuro motivo!).

Ci fermiamo qui? Mollo la presa e faccio perdere al cliente la possibilità di risparmio fiscale e di protezione del patrimonio personale? Mai!

Costituiamo comunque la Srls che avrà come unico fornitore la ditta individuale. In questo modo la ditta individuale resta la produttrice, con il benestare dell'Agenzia delle Dogane, mentre la Srls si occupa della vendita e distribuzione e, così facendo, trasferisce il rischio di impresa totalmente su di sé.

Risultato: risparmio fiscale non totale ma comunque al massimo possibile e, soprattutto, patrimonio personale dell'imprenditore protetto in toto in virtù della circostanza che il rischio di impresa è stato trasferito sulla Srls che, come ormai sai, prevede l'autonomia patrimoniale.

Ma torniamo a noi e alla nostra Srls da far decollare. Non dire nulla... la mia decennale esperienza sul campo mi ha già permesso di capire le obiezioni che mi stai formulando: "una società, io?! Non fa per me, io non ci capisco nulla di queste cose, è troppo complicata".

"Sì, magari all'inizio non spendo nulla ma poi chissà quanto mi costa per tenere la contabilità, soprattutto se voglio pagare meno tasse possibili?"; "Se è vero che è così facile perché non la fanno tutti?".

Tanto per cominciare, la Srls non implica nessuna complicazione rispetto alle forme giuridiche apparentemente più semplici come, ad esempio, la ditta individuale. Le cose da tenere sotto controllo sono le stesse (gli incassi, i pagamenti ai fornitori, le scadenze fiscali ecc.) ma soprattutto non devi fare tutto tu, tu sei l'imprenditore!

Devi vigilare e attenzionare che tutto proceda per il meglio nei vari settori della tua azienda ma non devi per forza fisicamente metterci le mani tu.

Ci penserà il team che hai accuratamente scelto e nello specifico, per quanto concerne gli aspetti contabili e fiscali che, diciamoci la verità, sono quelli che più ti spaventano, ci penserà il sottoscritto, il tuo commercialista; che non sarà il contabile gobbo con gli occhiali che ti fa le somme e le sottrazioni delle fatture che emetti e ricevi, bensì assumerà quel ruolo di cui ti parlavo nell'introduzione ovvero un consulente che ti seguirà a tutto tondo negli aspetti contabili e fiscali ma anche, e soprattutto, in tutti gli aspetti dell'organizzazione aziendale nel senso più ampio del termine.

Per quanto concerne i costi per il mantenimento della contabilità della Srls, non presentano grandi differenze rispetto a quelli delle ditte individuali o delle società di persone e soprattutto, grazie al risparmio fiscale che questa forma giuridica ti permetterà di raggiungere, questa piccola differenza sarà ampiamente recuperata sotto forma di minori imposte pagate già dai primi mesi di costituzione dell'impresa.

Infine, la società a responsabilità limitata semplificata viene scelta ancora da pochi imprenditori perché, ahimè, anche in molti miei colleghi ci sono dei retaggi professionali ancorati alla visione di impresa di almeno venti o trenta anni fa.

Ti assicuro di aver sentito con le mie orecchie colleghi consigliare ad aspiranti imprenditori di lasciar perdere anche se le loro idee di business potevano essere convincenti ma magari necessitavano di uno studio competente e approfondito per scegliere le strategie migliori.

E non sempre i consulenti sono disposti a mettersi in gioco andando a studiare nuovi percorsi, in questo caso nuove forme giuridiche come la Srls che è stata introdotta nell'ultimo decennio; è più facile tenersi i soliti clienti ventennali che sono ditte individuali o piccole società di persone piuttosto che investire tempo e risorse per aggiornarsi professionalmente.

E poco importa poi se quei miei clienti decennali perdono miriadi di opportunità di risparmio fiscale o di crescita professionale, tanto mi pagano comunque e io conservo la mia poltrona calda senza troppi sforzi; ma il mondo non è più questo, l'imprenditore non è più quello che è partito negli anni del boom economico e quindi si trovava la strada in qualche modo spianata.

A oggi, chi vuol fare impresa rischia di incontrare molte più difficoltà e se noi consulenti non facciamo uno scatto in avanti in questa direzione per semplificargli la vita e permettergli di pensare solo ed esclusivamente alla sua attività e alla realizzazione del suo progetto, le imprese, che sono i nostri clienti principali, saranno sempre meno e non ci saranno più neanche i clienti che molti colleghi chiamano storici, vale a dire quelli di cui sopra che "mi pagano comunque".

Perdonami questa invettiva sulla mia categoria, al netto delle numerose eccezioni, ai limiti del politicamente corretto, ma era finalizzata a farti capire che questa forma giuridica non la sceglie nessuno, o la scelgono ancora in pochi, semplicemente perché spesso l'imprenditore è mal consigliato da consulenti non del tutto aggiornati, o, meglio, non del tutto disposti ad aggiornarsi.

Ricordi quando nei precedenti capitoli ti parlavo dell'importanza di scegliere un team competente? La risposta è tutta lì e non farmi aggiungere altro.

Detto ciò, proseguiamo il nostro percorso alla scoperta di Vics; dopo aver appurato di optare per la forma giuridica della società a responsabilità limitata semplificata, dobbiamo scegliere correttamente la sua composizione in funzione di massimizzare il risparmio fiscale e di ottenere il primo finanziamento tramite il microcredito che ci permetterà di iniziare a far viaggiare la nostra start up.

Innanzitutto, andremo a scegliere la compagine sociale e la percentuale di quote da attribuire a ciascun socio. Ti ricordo che se sei solo tu puoi tranquillamente essere l'unico socio della tua Srls; qualora invece l'idea di business sia condivisa con altri soggetti avremo più soci e andremo a definire, in base al valore che ognuno apporta al progetto, le relative percentuali.

Ti consiglio di inserire come soci solo le figure che effettivamente hanno ideato insieme a te il progetto e non eventuali figure che collaboreranno solamente alla sua realizzazione. Questo perché, soprattutto nei periodi iniziali di una società, è importante mantenere un organigramma il più snello e dinamico possibile.

Ciò si ottiene mantenendo il numero di soci più basso possibile e commisurato agli ideatori del business. Tutte le altre figure che si renderanno necessarie a realizzare il prodotto o servizio puoi reperirle tramite degli accordi di collaborazione esterna.

In questo modo mantieni la proprietà della società esclusivamente nelle mani dei veri ideatori del business, stante il fatto che la frammentazione delle quote non va demonizzata perché è un'ulteriore opportunità di finanziamento che andrà però sfruttata a crescita aziendale avvenuta e quindi più avanti nel nostro percorso.

Allo stesso tempo, non inserisci dei dipendenti fissi con tutte le implicazioni del caso in termini di scarsa flessibilità dell'azienda e di costi derivanti dai contributi da versare agli stessi. Devi nominare anche un amministratore che può essere scelto tra i soci o tramite una figura esterna.

Anche per l'amministratore valgono le stesse considerazioni appena elaborate sui soci e, dunque, solitamente è conveniente sceglierlo tra i soci ma esistono comunque delle circostanze che possono portare a una scelta diversa da valutare caso per caso.

Bene, caro imprenditore, la tua Srls ormai è costituita e pronta a operare. Resta solo da reperire i fondi necessari per partire con la produzione, e così arriviamo al tanto celebrato finanziamento tramite microcredito.

La storia e le diverse tipologie di questa forma di finanziamento te le ho già ampiamente presentate nei capitoli introduttivi, veniamo ora al funzionamento pratico.

Il microcredito ti dà la possibilità di ottenere un importo che può arrivare fino a un massimo, a oggi, di 35.000 euro (ma magari per quando leggerai queste righe sarà arrivato a 50, come da qualche parte si mormora), i quali per il 90% sono garantiti dall'ente che eroga e solo per il restante 10% sono garantiti dalla tua Srls.

In sostanza otterrai 35.000 euro dovendo fornire documenti di reddito che ti permettano di coprirne solamente 3.500; inutile dirti che le possibilità di buona riuscita rispetto a un classico finanziamento dove devi fornire redditi, che ti permettano di garantire l'intero importo richiesto, aumentano a dismisura.

"Ma chissà quanto tempo ci vuole prima che arrivino". Ecco il colpo di genio: a non più di sessanta giorni dalla compilazione della domanda avrai la prima tranche sul conto corrente della tua società corrispondente ai primi 25.000 euro (al netto dei costi per le varie commissioni bancarie commisurati in 1.500 euro, dunque un accredito effettivo di 23.500 euro) e dopo sei mesi ti verranno accreditati i successivi 10.000 euro.

Naturalmente io sono arrivato subito alla sostanza e alle cifre per farti capire immediatamente la grande opportunità che hai a disposizione ma, come sempre nell'imprenditoria e nondimeno nella vita quotidiana, il risultato si ottiene tramite il lavoro.

Nel nostro caso il risultato rappresentato dalla buona riuscita del finanziamento si ottiene se seguiamo i passaggi che ti ho sin qui presentato ma anche attraverso la corretta presentazione e compilazione della documentazione necessaria per richiedere il finanziamento.

Beh, amico imprenditore, su quello puoi veramente stare tranquillo: a compilare la domanda in modo corretto per arrivare al risultato ci pensiamo io e il mio team. Percentuale di domande di microcredito andata a buon fine negli ultimi 12 mesi: 100%!

Sì, immagino che possa sembrarti assurdo, che possa apparire come una cifra tonda messa lì solo per autoincensarmi ma ti assicuro che è così. E ti spiego anche come è stato possibile. È stato possibile grazie all'applicazione del metodo Vics in tutte le sue componenti. Mi spiego meglio.

Chiunque può presentare una domanda per accedere al finanziamento tramite microcredito e quasi chiunque può presentarla completa rispetto ai dati richiesti ma questo non basta.

Per ottenere il risultato è fondamentale conoscere come va presentata la domanda, quali sono le informazioni da fornire senza le quali la domanda non viene neanche presa in considerazione da chi di dovere.

E arriviamo alla chiave di volta per ottenere il 100% di cui ti ho parlato: l'analisi di prefattibilità. Altro non è che un form di poche e semplici domande che mi permettono di selezionare le aspiranti start up che potranno avere accesso al microcredito.

La V e la I del metodo Vics, oltre a tutti gli aspetti che ti ho spiegato nei due capitoli precedenti, sono strutturate a immagine e somiglianza dell'analisi di prefattibilità.

Quindi, seguendo il mio metodo dall'inizio, ti troverai a "Concretizzare" attraverso una realtà societaria pronta per essere finanziabile.

Chiaramente, ed è questa un'altra delle peculiarità del metodo Vics, se sei un imprenditore già avviato e hai conosciuto il metodo quando la tua attività era già sul mercato, magari anche in una forma giuridica diversa dalla Srls, nulla ti vieta di utilizzarlo.

Ci saranno dei passaggi in più da dover porre in essere, come ad esempio una trasformazione della forma giuridica, ma nulla di insormontabile: non è mai troppo tardi per efficientare la propria impresa!

Ecco, ora ti è chiaro che scegliendo la società a responsabilità limitata semplificata ti ritroverai in brevissimo tempo e con costi ridotti all'osso con un'azienda operativa, finanziabile, ottimizzata e ottimizzabile fiscalmente e che non mette a repentaglio i tuoi beni personali.

Giunti a questo punto, un altro step del nostro percorso è completato: siamo ufficialmente sul mercato e sei ufficialmente un imprenditore, anche dal punto di vista prettamente giuridico.

Ma non è finita, anzi ora viene il bello, un ultimo sforzo nel prossimo capitolo per massimizzare le potenzialità della tua impresa e portare a termine la tanto agognata rivoluzione del tuo lavoro e, di conseguenza, della tua vita.

RIEPILOGO DEL CAPITOLO 5:

- SEGRETO n. 1: le diverse forme giuridiche possibili sono molte ma con forti distinzioni.

- SEGRETO n. 2: la forma giuridica adatta a te: la Società a responsabilità limitata semplificata.

- SEGRETO n. 3: l'organigramma della tua Srls va organizzato al meglio sin dall'inizio.

- SEGRETO n. 4: il microcredito è uno strumento per reperire i fondi necessari sia per la costituzione che per il primo sviluppo.

- SEGRETO n. 5: fare delle pre-analisi sul progetto permette di avere un tasso di successo molto vicino al 100%.

Capitolo 6:

Come (S)viluppare la propria azienda

Ci siamo! Abbiamo superato il giro di boa del nostro percorso, la tua società a responsabilità limitata semplificata è operativa sul mercato, finanziata con 35.000 euro tramite il microcredito da utilizzare per gli investimenti che ritieni necessari per la sua crescita, e siamo allo sprint finale: lo sviluppo della stessa che ha come obiettivo finale il tuo profitto che deve essere massimizzato e duraturo; la S, di "Sviluppare", del nostro metodo Vics.

Nella dottrina economico-aziendale il profitto è considerato tradizionalmente la differenza, si spera positiva, tra i ricavi generati da un'impresa e tutti i costi che la stessa sostiene per portare avanti la propria attività.

Fai attenzione a non cadere nella tipica trappola di un'interpretazione troppo letterale di questa definizione.

Mi spiego meglio: un imprenditore, spesso succede soprattutto a chi si affaccia per la prima volta al mondo dell'imprenditoria e del lavoro autonomo, rischia di applicare dalla prospettiva sbagliata questa definizione tendendo a ridurre i costi di funzionamento della propria azienda: meno spendo e più soldi mi metto in tasca.

Ecco, una volta finito di leggere questo libro, non voglio Mai Più sentirti fare un ragionamento di questo tipo!

E ti spiego perché: se non si investe nella propria azienda questa avrà vita breve perché quello che accadrà, a prescindere da quale sia il settore che rappresenta il nostro core business, è che la qualità di quanto offerto diventerà irrimediabilmente scadente in tempi molto brevi con l'inevitabile conseguenza di una riduzione del fatturato nettamente maggiore ai costi risparmiati.

Risultato, la nostra azienda è costantemente in perdita e dunque, come appare evidente, non raggiungerò mai un profitto che poi altro non è che la mia remunerazione, il mio guadagno, quello che mi metto in tasca grazie all'attività imprenditoriale che svolgo.

Questo cosa significa? Che devo spendere e spandere? Ma così nel giro di qualche mese mi ritroverò senza liquidità e comunque addio guadagni!

Certamente no, lungi da me proporti spese pazze soprattutto all'inizio della vita della tua azienda; quello che voglio farti capire è che ci sono dei costi, io li chiamo strategici, che vanno necessariamente sostenuti per far sì che il fatturato aziendale parta il prima possibile e sia in costante aumento e sono quei costi che rappresentano gli investimenti.

Vale a dire, ad esempio, i costi per la pubblicità, i costi per la formazione dei propri dipendenti, i costi per l'acquisto di software o macchinari che permettano di realizzare il prodotto o servizio che offriamo nel minor tempo possibile senza intaccare la sua qualità o addirittura migliorandola.

Semplifichiamoci la vita, chiamiamoli genericamente i costi buoni: quelli che sosteniamo per implementare la nostra produzione.

Su questi non dobbiamo mai risparmiare facendoci ingannare dall'applicazione della definizione di profitto vista dalla prospettiva sbagliata di riduzione al minimo di tutti i costi indiscriminatamente.

Naturalmente senza eccedere e senza fare il passo più lungo della gamba, ma dobbiamo essere consapevoli che al loro aumento, da portare avanti in maniera graduale, corrisponde un aumento di fatturato maggiore e, di conseguenza, un aumento del nostro profitto e, quindi, del tuo guadagno.

Dall'altra parte abbiamo i costi che chiameremo molto semplicemente costi cattivi, che non apportano nulla alla produttività del nostro business e quindi vanno a rappresentare esclusivamente un'uscita finanziaria che riduce il tuo guadagno.

Non credo ci sia bisogno di specifiche ulteriori per farti capire che stiamo parlando dello spauracchio di ogni imprenditore: le Tasse!

Sono loro il costo che dobbiamo ridurre al minimo, sempre nella cornice del rispetto della normativa attualmente vigente. Così facendo possiamo concentrare la maggior parte delle nostre risorse sugli investimenti produttivi per la nostra azienda, quelli che abbiamo definito i costi buoni.

In questo modo la maggior parte dei costi che sosterremo si trasformerà in un ben più importante aumento del fatturato che sarà intaccato solo in minima parte dai costi cattivi che sono, invece, fine a sé stessi.

Risultato: massimizzazione del profitto dell'imprenditore. Eh, sembra facile, ma mica devo pensarci io a pagare poche tasse. Lo farà il commercialista no?

Certo che sì, ci penserà il tuo commercialista, o come preferisco definirmi il tuo consulente fiscale, a operarsi per ridurre il più possibile il tuo carico fiscale e proprio per questo ricorda tutto quello che ti ho raccontato nel capitolo precedente sui ritardi nell'adeguarsi all'attuale mondo economico della maggior parte dei colleghi e scegli il tuo consulente nel modo giusto.

Per poterlo fare al meglio non devi diventare tu un commercialista ma hai bisogno di avere gli strumenti minimi necessari a valutare un consulente per poter optare per quello che maggiormente ti supporti.

Dove li prendo questi strumenti? Devo mettermi a studiare economia aziendale? Certo che no, devi semplicemente seguirmi nelle prossime pagine dove ti spiegherò in cosa consiste nel pratico l'ottimizzazione fiscale.

Quando ti avrò raccontato questo nuovo modo di ridurre le tasse, come sempre in maniera semplice, concreta e ancorata alla realtà aziendale, avrai gli strumenti per scegliere il consulente fiscale migliore che poi non sarà altro che il sottoscritto!

Presunzione… assolutamente no, realismo. Seguimi da qui alla fine del libro e vedrai che non potrai smentirmi.

L'ottimizzazione fiscale è un insieme di pratiche e strumenti che permettono alle imprese di ridurre al minimo la pressione fiscale (che ormai in Italia, senza applicare le correzioni che ti sto per descrivere, ha ampiamente superato il 60%) rispettando le norme tributarie e fiscali previste.

Come ti anticipavo nei precedenti capitoli, per ottenere l'ottimizzazione è necessario seguire determinate linee guida già dalla costituzione dell'azienda, ma su quello ormai siamo stati chiari e sei al corrente di tutti i passaggi.

Allo stesso modo non disperare se la tua azienda è già esistente perché quello che ti sto prospettando di seguito è comunque applicabile, anche se non hai potuto seguire il metodo Vics sin dai primi passaggi, perché quando hai iniziato la lettura la tua impresa era già sul mercato.

Per renderti il più comprensibile possibile l'ottimizzazione dobbiamo partire dal presentare quelle che sono le tre principali categorie di imposte con cui devono fare i conti le aziende italiane: l'iva, le imposte sul reddito e i contributi per i lavoratori dipendenti.

L'iva, per esteso imposta sul valore aggiunto, che ogni azienda si trova a dover versare all'erario, è data dalla differenza tra l'Iva che incassiamo dai nostri clienti quando ci pagano le fatture e quella che la nostra azienda paga ai suoi fornitori quando salda loro le fatture.

In questo primo approccio consideriamo l'ipotesi irreale che non ci siano pagamenti ai fornitori ma solo incassi dai clienti.

Facendo un esempio, se in un anno ho venduto, e quindi fatturato, 100.000 euro più Iva significa che dai miei clienti ho incassato 122.000 euro di cui 100.000 sono effettivamente ricavi della mia azienda che, una volta sottratti i costi, si trasformeranno nel mio guadagno, mentre gli altri 22.000 devo restituirli allo Stato perché sono Iva che ho incassato ma che non è di mia proprietà bensì va riversata all'erario.

Lo so che è un meccanismo contorto: visto che si tratta di soldi non miei lo Stato potrebbe mettere in piedi un meccanismo dove non me le dà proprio queste cifre piuttosto che farmele incassare per poi richiedermele, ma sappiamo che la semplificazione non è di questo mondo e, soprattutto, non è di questa Nazione; quindi inutile lamentarsi e polemizzare.

Pensiamo piuttosto alle soluzioni. Innanzitutto è fondamentale che tu conosca e tenga conto del meccanismo dell'Iva che ti ho appena presentato nel momento in cui stabilisci i prezzi del prodotto o del servizio che offri con la tua azienda.

Tornando al nostro esempio, se tu ritieni che il prezzo corretto di un determinato servizio che produci, che ti permetta di coprire i costi necessari al suo sviluppo lasciando un margine di guadagno per la tua azienda, e quindi per te, ammonta a 100.000 euro, al tuo cliente non devi proporre un prezzo finale di 100.000 euro bensì un prezzo finale di 100.000 euro più Iva, vale a dire 122.000.

Questo perché se tu proponessi un prezzo finale di 100.000 euro arriveresti alla scadenza del pagamento dell'Iva a dover ridare allo Stato poco più di 18.000 euro di Iva incassata dal tuo cliente.

Ecco, in questo modo, i 100.000 euro che hai effettivamente nelle tue casse appena ricevi il pagamento dal tuo cliente si trasformeranno magicamente in soli 82.000 euro di ricavi effettivi con il rischio che i 18.000 euro di Iva da restituire allo Stato fossero effettivamente una parte o tutto il tuo guadagno, o, peggio ancora, abbiano fatto sì che non siano stati coperti nemmeno i costi per la produzione di quel servizio; in questo caso avresti venduto un tuo servizio ma invece di guadagnarci ti troveresti già in perdita.

Al contrario, se avessi fissato il prezzo finale comprensivo dell'Iva a 122.000 euro, al momento della scadenza dell'Iva ti troveresti sì a versare all'erario 22.000 euro (e quindi apparentemente anche di più dei 18.000 di cui sopra) ma, nella sostanza, restano nella tua azienda gli effettivi 100.000 euro che avevi preventivato sin dall'inizio per la copertura dei costi di produzione e per la tua remunerazione.

Il primo passaggio per ridurre il peso fiscale dell'Iva, quindi, è conoscere il suo funzionamento e, in fase di determinazione del prezzo finale di quello che si offre, aggiungerla al prezzo che hai stabilito congruo e non comprenderla in esso.

Conoscere questo meccanismo ti permette anche, oltre a determinare correttamente il prezzo di ciò che vendi, di accantonare l'Iva che incassi dai tuoi clienti (i famosi 22.000 euro dell'esempio) e quindi di evitare svenimenti o carenze di ossigeno quando ti invierò il tristemente noto F24 che è il modello che si utilizza per pagare le tasse.

In pratica, quando riceverai la mia mail per il versamento dell'Iva e andrai ad aprire l'allegato dove comparirà un importo di Iva a debito per 22.000 euro, non farai una piega perché li avrai già accantonati sul conto corrente della tua azienda e saprai, al netto dell'inevitabile scocciatura nel versare migliaia di euro nelle casse di uno Stato che, per usare un eufemismo, non ci sta molto vicino, che i 100.000 euro che ti rimangono al netto dell'Iva hanno coperto i costi che hai sostenuto per produrre e il resto è finito nelle tasche della tua azienda, e quindi nelle tue.

Questo semplice passaggio è emblematico e rappresentativo del concetto di pianificazione che è uno dei cardini dell'ottimizzazione fiscale.

Di' la verità, se ti avessi detto che per pagare meno tasse avresti dovuto fare pianificazione avresti immediatamente immaginato un qualcosa di chissà quanto complicato mentre esemplificato nella realtà diventa tutto più semplice.

E non è finita qua perché, tornando al nostro esempio dell'Iva, ho ancora da presentarti un'opportunità.

Ricordi quando poco fa ti spiegavo che l'Iva che devi versare allo Stato è data dalla differenza tra quella incassata dalle fatture che ci pagano i nostri clienti e quella che versi ai tuoi fornitori quando paghi le loro fatture?

Se ci pensi bene, nella nostra determinazione dei prezzi, considerando l'Iva come un qualcosa da aggiungere e nell'operazione di accantonamento della stessa per non trovarsi in difficoltà alla scadenza del versamento, abbiamo considerato solo l'Iva che incassiamo quando i clienti ci pagano le fatture senza sottrarre da questa quella che noi paghiamo a nostri fornitori quando saldiamo le loro fatture.

Si tratta di una circostanza che difficilmente si verifica nella realtà ma l'ho ipotizzata volutamente, per procedere passo passo, e renderti meno difficoltosa la comprensione della materia tecnica che stiamo trattando, ma ora ti sarà facile capire che nel normale funzionamento di un'impresa oltre alle fatture che incassiamo dai clienti ci sono anche quelle che paghiamo ai nostri fornitori e quindi, per renderlo più aderente alla realtà, aggiungiamo al nostro esempio la circostanza che per arrivare a produrre ciò che vendiamo a 100.000 euro più Iva abbiamo sostenuto dei costi e pagato fatture ai nostri fornitori per 61.000 euro (50.000 euro di costi veri e propri più 11.000 euro di Iva).

Alla luce di tutto quello che ci siamo detti sinora, quindi, l'Iva effettivamente da versare all'erario è data dalla differenza tra quella incassata dalle fatture che ci pagano i clienti e quella versata tramite le fatture che noi saldiamo ai fornitori: mettendo i numeri del nostro esempio, l'Iva da pagare sarà 11.000 euro (22.000 euro – 11.000 euro).

In conclusione, della parte di ottimizzazione dedicata all'Iva, quindi, puoi verificare anche da te che se segui i miei consigli sulla determinazione del prezzo e sull'accantonamento dell'Iva incassata trasformi una rogna in un'opportunità perché ti ritrovi, una volta effettuato il versamento Iva, con un incasso netto che ti ha permesso di coprire i costi e di avere un guadagno pulito e nello stesso tempo hai anche un piccolo castelletto costituito da quello che ti resta dell'accantonamento inziale corrispondente al totale dell'Iva incassata dai clienti (22.000 euro) che avevi effettuato.

Sembra un gioco da ragazzi vero? E se hai gli strumenti giusti come quelli che ti ho appena mostrato, in effetti, lo è. Ma non pensare cha sia banale.

Conosco aziende che hanno rischiato la chiusura, che ho poi scongiurato con il mio intervento professionale, perché sovrastate da un'Iva a debito nei confronti dello Stato che era diventata insostenibile.

Legato a ciò voglio raccontarti un piccolo aneddoto di un'azienda che ho da poco ristrutturato. Opera nel settore del commercio al dettaglio di articoli igienicosanitari e ceramiche; si tratta di un'attività con un buon fatturato, senza problemi di incassi o liquidità, a gestione familiare; insomma parliamo di un'azienda apparentemente sana.

Ecco, appunto, apparentemente, perché quando Gianni, l'amministratore di questa società, mi ha contattato lo ha fatto per chiedermi: "Quanto costa chiudere la mia azienda?".

E siccome per me la chiusura di un'attività imprenditoriale è sempre un colpo al cuore, gli ho prima chiesto quali fossero le difficoltà che lo avevano portato a questa scelta drastica ed è lì che ho scoperto che ogni anno, nonostante un fatturato che si aggirava sui 130.000 euro, non riusciva a pagare circa 5.000 euro di Iva.

Il tutto è andato avanti per cinque anni e il debito Iva era arrivato, con tutte le sanzioni, a 33.000 euro. E sai perché tutto questo?

Perché a Gianni nessuno aveva mai spiegato come funzionasse concretamente l'Iva e quindi lui applicava dei prezzi di vendita troppo bassi considerando anche l'Iva che incassava come un qualcosa di ormai suo, da poter utilizzare per sé o per la sua azienda e, naturalmente, non andava ad accantonarla nel momento in cui incassava dai propri clienti.

Ovviamente poi arrivava la scadenza e i soldi per l'Iva non c'erano più, e il debito cresceva.

Ora che ci siamo conosciuti e gli ho spiegato il tutto, ha una nuova azienda: una Srls che svolge la stessa attività ma prettamente online e non ha più Iva da versare, o meglio la versa ma neanche se ne accorge.

Questo per ribadirti che, anche dalle situazioni che sembrano più cupe si può uscire ma soprattutto per sottolinearti l'importanza del percorso di ottimizzazione che ti ho appena presentato e per farti capire che, se segui quanto ti ho detto, dell'Iva neanche te ne accorgi, ma se non pianifichi di Iva si può anche morire, ovviamente aziendalmente parlando.

Chiarito il problema Iva, veniamo alla seconda tipologia di imposte da ottimizzare che sono quelle sul reddito della nostra società.

Per dirla in maniera tecnica, parliamo dell'Ires: Imposta sul reddito delle società. Per questa ulteriore spada di Damocle dobbiamo versare al nostro beneamato erario il 24% del reddito della nostra società.

"E che si intende per reddito? No, no, troppi calcoli, trovo un commercialista che me li fa al prezzo più basso possibile e pago, non voglio avere problemi!"

Mantieni la calma, non fare il gioco del nostro Stato che complica questi argomenti il più possibile per farci incorrere in errori e sanzioni o, peggio, per farci desistere dal fare impresa.

Ti do io la soluzione per ottimizzare anche questa imposta. Intanto il reddito è semplicemente la differenza tra i ricavi, ovviamente al netto dell'Iva, e i costi, ovviamente al netto dell'Iva, che la nostra azienda genera nel corso di un anno.

Sul risultato di questa differenza lo Stato si porta a casa immotivatamente il 24%. E anche stavolta invece di perdere tempo in polemiche inutili sulla necessità di abbassare questa percentuale, come spesso fanno alcuni miei colleghi (per carità, argomentazione sicuramente corretta ma ampiamente irrealizzabile in Italia) prendiamo il toro per le corna e sfruttiamo le situazioni attualmente a nostra disposizione.

Mettiamo sempre dei semplici numeri per favorire la comprensione e rimanere ancora il più possibile all'aspetto pratico che è quello che interessa a te!

La tua Srls (Società a responsabilità limitata semplificata, ricordi, è la forma giuridica migliore alla quale siamo arrivati nel precedente capitolo!) in un anno ha ottenuto 200.000 euro di ricavi e 150.000 euro di costi e quindi la differenza che corrisponde al reddito è pari a 50.000 euro.

Vabbè, su questi pago il 24% e ho finito, almeno sto tranquillo. Posto che si tratterebbe comunque di un salasso, ma poi così non è. Perché una volta pagato il 24% (12.000 euro nel nostro esempio) i restanti 38.000 euro non sarebbero ancora nelle tue tasche ma restano nell'azienda.

E dopo un anno di duro lavoro direi che il minimo è che l'azienda, in tutto o in parte, li distribuisca a te che sei l'imprenditore, il socio unico o comunque quello di maggioranza: ed ecco la fregatura, la mazzata, l'assurdità!

Nel momento in cui la tua società distribuisce il reddito al netto dell'Ires, quello che in gergo si chiama utile, a te che sei quello che più di tutti ha contribuito a crearlo c'è in premio per te un ulteriore tassazione: nella migliore delle ipotesi dell'11,43% e via a salire più sale l'importo del guadagno che legittimamente la tua società ti distribuisce.

Vogliamo rimanere inermi di fronte a un sopruso del genere? Direi proprio di no! Ed ecco la svolta: invece di distribuire l'utile dalla tua società con tutte le conseguenze fiscali che abbiamo appena visto, datti uno stipendio.

Sì, hai capito bene, uno stipendio più o meno fisso ti farà risparmiare fiscalmente degli importi che neanche immagini. Ecco come. Torniamo al nostro esempio: confermando tutti gli altri numeri aggiungiamo l'ipotesi di uno stipendio mensile per te pari a 4.000 euro al mese che puoi erogarti sotto forma di stipendio per socio lavoratore o compenso per amministratore.

È inutile soffermarsi ora su quale sia la forma migliore delle due; questi sì che sono tecnicismi di cui si occupa il consulente fiscale/commercialista e non voglio dilungarmi in questa sede anche perché la loro corretta applicazione va valutata caso per caso.

Questi 4.000 euro mensili rappresentano un costo per l'impresa pari a 48.000 euro annui; i ricavi erano 200.000 euro mentre gli altri costi 150.000 euro ai quali vanno aggiunti i 48.000 euro del compenso per te: reddito ridotto a 2.000 euro con applicazione del 24% per l'Ires non più su 50.000 euro ma su soli 2.000 euro, con il risparmio che ne consegue in termini di minori imposte.

A questo punto ovviamente non hai più necessità di distribuirti i restanti 2.000 euro perché hai già remunerato la tua attività di imprenditore con 4.000 euro mensili di stipendio.

Se confronti le due situazioni: nella prima con distribuzione di tutto l'utile di 38.000 euro le imposte sul reddito che paghi sono 12.000 euro di Ires più ulteriori 4.400 euro al momento della distribuzione, mentre nella seconda circostanza dandoti uno stipendio di 48.000 euro annui pagherai "esclusivamente" 480 euro di Ires (il 24% dei 2.000 euro di reddito).

Direi che non c'è paragone, i numeri parlano da soli. Naturalmente i numeri che ho considerato sono esemplificativi; puoi anche provare a cambiarli, è pure un esercizio carino, magari quando hai finito di leggere, per entrare nel fantastico mondo dell'ottimizzazione fiscale, ma vedrai che il risparmio fiscale resterà inequivocabile.

L'aspetto importante è ovviamente quello di determinare un compenso corretto in base all'andamento aziendale che permetta di minimizzare il reddito e quindi il carico fiscale senza però arrivare a un reddito negativo e alla conseguente perdita.

Ho pensato anche a questo tramite un altro cavallo di battaglia del mio modus operandi: il controllo di gestione.

Tanti colleghi, magari molto famosi in rete e, passami il giudizio, anche troppo altezzosi, ne parlano come un Everest da scalare, invece basta un semplice file Excel che ti invio ogni mese dove sono riepilogati tutti i ricavi e i costi suddivisi nelle varie tipologie per capire innanzitutto come sta andando l'azienda e intervenire prima che arrivino difficoltà di carenza di liquidità o cose simili, ma anche per determinare il giusto compenso mensile per te, che ci permetta di tirare fuori dalla tua azienda il tuo guadagno alla tassazione più bassa possibile.

"Sì, ma se mi do uno stipendio mensile poi devo pagarci i contributi? A proposito, i contributi sono alti sia per il mio compenso sia per lo stipendio di eventuali dipendenti?"

Andando per ordine; certamente dandoti uno stipendio dovrai versarti i contributi ma innanzitutto questi incideranno per non più del 30% del tuo stipendio e quindi per un importo inferiore rispetto al 35,43% che ti troveresti a pagare tra Ires e successiva distribuzione dell'utile se seguissi il percorso "classico".

Inoltre, quello che paghi con la distribuzione dell'utile tradizionale sono imposte fine a sé stesse mentre quello che versi dandoti un compenso sono contributi che, seppur poco, vista la situazione della previdenza in Italia, ti andrai a ritrovare in futuro.

Ma ti dirò di più, anche il carico dei contributi sullo stipendio che ti dai può essere ottimizzato. Come? Mai sentito parlare di rimborsi chilometrici, indennità di trasferta, royalties su marchi e/o brevetti, welfare aziendale?

Sono possibili voci del tuo stipendio sulle quali non si pagano i contributi. Mi spiego meglio. Giornalmente utilizzerai il tuo mezzo di trasporto personale per muoverti, per l'azienda e no.

Ebbene, nei limiti del plafond stabilito dalle tabelle Aci, che varia a seconda del mezzo che si utilizza, una parte delle spese per il tuo veicolo può essere ricompresa nel tuo stipendio (i 4.000 euro dell'esempio) sotto forma di rimborsi chilometrici che sono esenti dai contributi.

Allo stesso modo se risiedi in un comune diverso da quello dove ha sede la tua azienda, o se per il lavoro nella tua azienda devi spostarti in comuni diversi dalla sede sociale, hai la possibilità di considerare una parte del tuo stipendio come indennità di trasferta anch'essa esente da contributi.

E ancora, il tuo progetto aziendale può essere registrato come marchio o, se ha contenuto innovativo, come brevetto: in questo modo, non solo puoi coprirti dal rischio che il tuo progetto venga riutilizzato da qualcun altro ma puoi anche considerare parte del tuo compenso sotto forma di quota del marchio o brevetto registrato, le cosiddette royalties anch'esse esenti da contribuzione.

Da ultimo ti voglio presentare un concetto che, secondo me, se ben applicato potrebbe rivoluzionare la nostra assurda fiscalità che è il welfare aziendale.

È un concetto finora applicato esclusivamente dalle grandi multinazionali ma sto portando avanti una battaglia per riportarlo anche nelle aziende di piccole o medie dimensioni.

Nella sostanza, l'azienda paga un servizio che normalmente utilizza il proprio stipendiato, come ad esempio una palestra o un nido per i bambini, e scala tale importo dal compenso che eroga.

In questo modo l'azienda ha le stesse uscite e chi riceve il compenso ha le stesse entrate nette perché ha un compenso sì più basso ma solo per l'importo corrispondente al servizio che gli viene offerto dall'azienda (per il quale avrebbe speso gli stessi soldi) e nello stesso tempo il compenso sottoposto a contributi si abbassa dello stesso importo.

Tornando ai nostri 4.000 euro mensili di compenso dell'esempio possiamo realisticamente ipotizzare tra rimborsi chilometrici, trasferte, royalties e welfare aziendale di esentare dalla contribuzione un importo almeno pari a 2.000 euro.

In questo modo, considerando l'aliquota media del 30% che grava sui contributi, il carico fiscale mensile per l'azienda ammonta a 600 euro mensili e, quindi, 7.200 euro annui.

Nulla a che vedere con i 12.000 euro di Ires più 4.400 euro di imposta sul reddito che andresti a pagare nel caso della distribuzione di utile tradizionale!

E considera che l'ottimizzazione fiscale che riguarda la riduzione dei costi per i contributi previdenziali può essere applicata, con tutti i singoli strumenti appena presentati, non solo a te ma anche agli eventuali dipendenti della tua azienda (che comunque, ribadisco quanto segnalato nel capitolo precedente, ti consiglio di tenere nel numero più basso possibile privilegiando collaborazioni esterne).

A questo punto hai il quadro completo dei procedimenti che compongono la mia ottimizzazione fiscale, naturalmente in termini generali; ed è giusto che sia così.

Non fossilizzarti troppo sugli aspetti più tecnici con i quali non voglio tediarti eccessivamente in questa sede; sarebbe anche inutile perché vanno poi considerati sulla singola circostanza e in basc ai numeri della singola azienda.

Ti basti sapere, come ti ho appena esposto, che anche lo spauracchio delle tasse posso fartelo superare con degli interventi che ricalcano quanto sin qui esposto ma declinandolo ad hoc per la situazione specifica di quella che sarà la tua azienda.

Detto ciò, abbiamo massimizzato il tuo profitto riducendo al minimo i costi cattivi, come ci eravamo prefissati a inizio capitolo, e possiamo passare all'aspetto conclusivo della S di sviluppare: rendere duraturo questo profitto massimizzato attraverso un'azienda che tenda a una crescita esponenziale e infinita.

In altre parole, la nostra Srls deve essere Scalabile. Un'azienda è scalabile quando è solida e organizzata per aumentare il proprio fatturato anche senza limiti.

Siamo scalabili se non abbiamo più un fatturato oltre al quale siamo costretti a non poter andare perché non riusciamo più a tenere sotto controllo tutta l'attività aziendale.

Ovviamente per arrivare a questo status tornano di attualità i concetti, che abbiamo già ampiamente sviscerato, del team e dell'importanza di delegare ma dobbiamo fare un ultimo step... Dài, non mollare, ci siamo quasi!

Dobbiamo creare delle procedure che rendano la nostra azienda scalabile. Le procedure, anch'esse te le ho già anticipate in precedenza ma voglio ribadirtelo ora che siamo alla fine del percorso, sono degli appunti, dei piccoli manuali dove riportiamo le modalità di svolgimento di tutti i singoli passaggi che costituiscono il nostro processo produttivo.

È importante che le procedure siano dettagliate e semplici, deve capirle anche un bambino!

Chiunque apra la singola procedura non deve perdersi; è chiaro che chi legge la procedura, magari per la prima volta, può necessitare di un piccolo supporto per i dettagli ma deve padroneggiarla e comprenderla velocemente e facilmente.

In questo modo, infatti, se il nostro fatturato aumenta in maniera repentina, cosa che ci auguriamo avvenga costantemente, e abbiamo bisogno di aumentare frequentemente il nostro staff non dobbiamo utilizzare troppo tempo per formare i nuovi ingressi, perché dopo una breve presentazione gli metteremo a disposizione le procedure inerenti ciò che sarà di sua competenza e troverà tutto lì.

Così facendo, tu imprenditore, a prescindere dalla mole del tuo fatturato, potrai sempre mantenere il controllo e la tua azienda non avrà più limiti.

Adesso sì che abbiamo sviluppato quello che un centinaio di pagine fa sembrava solo un sogno proibito, guadagnare con la tua idea, e possiamo affrontare con serenità l'ultimo aspetto che ti starai già domandando.

"Bastano i 35.000 euro iniziali del microcredito per portare il più in alto possibile il mio progetto?". Te lo auguro.

In qualche caso può anche capitare che un'azienda operi in un settore dove è totalmente precursore di determinati servizi e/o prodotti offerti e quindi dall'aumento rapidissimo ed esponenziale del proprio fatturato riesca a reperire i mezzi finanziari per attuare gli investimenti e le implementazioni, che le permetteranno di diventare leader nel suo settore di riferimento senza necessità di ulteriori forme di finanziamento.

Nella maggior parte dei casi, però, non è così perché per quanto sia tutto organizzato alla perfezione non è quasi mai pensabile di partire da zero e arrivare a fatturati a dieci cifre investendo solamente 35.000 euro.

Ma niente panico, ti sto per presentare le figure che fanno al caso tuo: i Business Angel.

I Business Angel (o Angel Investor) sono dei soggetti privati disposti a finanziare determinate aziende che ritengono redditizie in cambio di quote del capitale di quest'ultime.

Quindi devo fare entrare un estraneo nella mia azienda? Assolutamente sì. Una volta che la tua azienda è strutturata e remunerativa non devi fermarti. Devi, appunto, costantemente mirare alla sua crescita, sarò ripetitivo ma ci tengo, senza limiti.

E devi farlo anche a scapito della tua totale proprietà proprio perché per arrivare ai massimi livelli hai bisogno di fonti finanziarie e, se ci pensi, queste figure non ti chiedono altro che una parte del guadagno che genera la tua azienda (riflettici, hai mai visto una multinazionale o comunque un'azienda leader di un settore di proprietà di un unico soggetto?).

In questo modo i tuoi rischi sono pressoché azzerati: immagina se, invece di rivolgerti ai Business Angel, fossi costretto a chiedere un finanziamento alla banca.

Il rischio sarebbe esponenzialmente maggiore senza contare quanti soldi butteresti in tassi di interesse. Come fai ad arrivare a queste figure? Ti ci porto io.

Nel momento in cui abbiamo completato la fase di sviluppo della tua azienda, ponendo in essere tutti passaggi del metodo Vics, analizzeremo il rischio aziendale della tua impresa sotto tutti i punti di vista possibili e immaginabili per arrivare ad avere una certificazione che ti metterà in ottima luce di fronte a questa tipologia di investitori.

Ed è lì che si chiude il cerchio. Considera anche che questa tipologia di investimenti esterni può non essere per sempre. Di solito un business Angel entra in una società per un periodo determinato dal contratto, entro il quale poi esce con il suo profitto derivante dall'operazione di investimento che ha fatto su di te e la tua azienda.

Inoltre, lo strumento di gestione del rischio che Noi consigliamo anche come punto di partenza risulta essere uno strumento ottimo anche solo per avere un quadro molto più completo ed esaustivo di quale strada stiamo percorrendo, delle cose positive e delle buche che possiamo incontrare e anche di come affrontarle.

Tutti dati assolutamente succulenti per un investitore esterno, sia esso banca, privato o Business Angel che ti guarderà.

Ora il tuo percorso è completo: siamo partiti da zero, avevamo in mano solo un'idea che ti sembrava quasi un'utopia e invece ora sai che in tempi ragionevolmente brevi, con uno sforzo mentale importante ma fattibile, quello che hai a disposizione non è solo un sogno da tenere nel cassetto ma un business su cui fondare e, soprattutto, migliorare la tua esistenza.

E tutto questo senza tirare fuori soldi di tasca tua ma solo approfittando delle opportunità che, seppur nascoste, ci sono e vanno sfruttate.

È la fine ma in realtà è solo l'inizio. Il mio scopo non è solo quello di darti delle chiacchiere di cui magari domani non ti ricorderai già più, ma fare molto di più.

Voglio mettere in pratica con Te tutto quello di cui abbiamo parlato, senza veli e senza vergogne, senza pregiudizi e senza cose nascoste.

Quello che ti ho raccontato è tutto reale e abbiamo la possibilità di parlarne io e te nel dettaglio. Dipende solo da Te. Prosegui nella lettura e capirai.

RIEPILOGO DEL CAPITOLO 6:

- SEGRETO n. 1: la definizione classica di profitto va vista dalla giusta prospettiva.

- SEGRETO n. 2: ridurre al massimo i costi cattivi ma non lesinare sui costi buoni, vale a dire gli investimenti.

- SEGRETO n. 3: l'ottimizzazione fiscale: come ridurre al minimo gli oneri per Iva, Ires e contributi Inps.

- SEGRETO n. 4: le procedure sono indispensabili per rendere la nostra azienda scalabile.

- SEGRETO n. 5: l'ultimo passo verso il successo finale: i business angel come opportunità di crescita che tenda a infinito.

Conclusione

Missione compiuta! Siamo arrivati alla fine del nostro percorso. Ora hai in mano tutti gli strumenti per tramutare la tua idea in realtà, anzi, meglio, in una realtà redditizia, in un'azienda che migliori senza dubbio le tue finanze ma, particolare non trascurabile, anche tutta la tua vita.

È stato un percorso sicuramente faticoso ma sono orgoglioso di quanto ti ho presentato. Sono fiero di aver contribuito a ridisegnare quello che amo chiamare il commercialista 3.0.

La nostra categoria, infatti, ha un immenso bisogno di adeguarsi ai tempi che cambiano e, soprattutto, ha la necessità di riavvicinarsi a quello che resta sempre il suo interlocutore fondamentale: l'imprenditore, che sicuramente è colui che è già presente sul mercato e magari ha bisogno di rinnovarsi ma è anche, e soprattutto, cosa che molti colleghi troppo spesso dimenticano, colui che non ha ancora avviato la sua azienda ma possiede tutte le carte in regola per farlo.

Gli manca solo quello che i latini chiamavano il quid, la scintilla. Ecco, lo scopo di questo lavoro è far scoccare in te quella scintilla, accenderti quella lampadina, sbloccare quell'interruttore che ti permetta di capire che sì, anche tu puoi fare impresa, contro tutto e contro tutti.

Contro una normativa fiscalmente asfissiante e burocraticamente complessa; contro tutte quelle persone intorno a te che ti invitano a lasciar perdere e restare in quella che sembra la tua comfort zone ma che ormai sai essere solo una trappola.

Contro quella banca o quel commercialista che quando gli hai presentato la tua idea ti ha snobbato consigliandoti di lasciar stare perché non sono questi i tempi di inventarsi qualcosa.

Te lo dico per esperienza, realizzare il tuo sogno imprenditoriale, creare guadagno da quello che per tanti sembrava un'utopia è un qualcosa di meraviglioso, di stimolante, un qualcosa che, nonostante le difficoltà, ti permette di svegliarti la mattina con il petto in fuori e il sorriso sulle labbra.

E ora puoi farlo, anzi, possiamo farlo insieme. Se sei arrivato fin qui sei in possesso di tante informazioni in più rispetto a gran parte di altre persone, anche di altri imprenditori, perché abbiamo visto come il mondo del lavoro, in generale ma soprattutto quello del lavoro dipendente, stia cambiando, virando verso una pressoché totale flessibilità che comporta, e per fortuna, il superamento della logica dell'amico che ti apre la porta verso il famigerato posto sicuro.

Ora come non mai, sei tu l'artefice del tuo destino: siamo entrati nel dettaglio, infatti, dell'importanza delle competenze personali che devi essere pronto ad acquisire e implementare poiché l'eventuale azienda che dovrebbe assumerti non è più disposta, nella maggior parte dei casi, a investire tempo e denaro nella tua formazione.

E allora, a questo punto, se senti di avere in mano qualcosa, tanto vale seguire la propria strada prendendosi le proprie responsabilità.

Non è un rischio, è un qualcosa, al contrario, che ti dà quella sensazione mista tra ambizione, orgoglio e consapevolezza della tua capacità; naturalmente, se sei supportato dalla conoscenza delle informazioni giuste che poi sono quelle che abbiamo visto in tutto questo percorso.

Sicuramente, come abbiamo visto, le paure che possono attanagliarti sono molteplici: da quella di investire quei pochi risparmi che hai per poi magari perderli, a quella di non riprovarci perché magari hai già avuto un'azienda che non è andata come volevi, fino a quella di vedere il tuo patrimonio personale irrimediabilmente eroso dall'Agenzia della Riscossione o da fornitori che non sei più riuscito a pagare.

Il metodo Vics, però, come hai visto, ti permette di superarle e, quindi, non hai più scuse per esimerti dal cominciare questa bella avventura. Anche il debito non è più quel mostro che pensavi fosse; anzi, sai che se lo utilizzi nel modo giusto, cioè per gli investimenti di cui la tua azienda necessita, andrai a ripagarlo con il fatturato che gli investimenti stessi genereranno, quasi senza accorgertene.

Non hai più motivi per pensare che non sia così ma nello stesso tempo, comunque, puoi trovare la serenità che ti permette di focalizzarti esclusivamente sullo sviluppo della tua azienda, perché quelli che magari erano i tuoi risparmi di una vita non li hai dovuti utilizzare e, soprattutto, hai messo in atto tutti i meccanismi per proteggerli insieme al resto del tuo patrimonio personale.

Insomma, sai come muoverti in qualsiasi situazione, anche in quelle che possono sembrare più complicate e senza via d'uscita, senza perdere il mindset aziendale.

Sento, con un piacere inimmaginabile, di poter affermare che sei ormai consapevole della tua forza imprenditoriale e non solo.

Grazie al metodo Vics (te lo ricordo per l'ultima volta: Valutare, Ideare, Concretizzare, Sviluppare) possiedi anche un percorso illustrato nei minimi dettagli per arrivare a quella crescita infinita che era l'obiettivo che ci eravamo prefissati all'inizio del libro.

Partendo dalla V di valutare possiamo intercettare sia il settore dove siamo più competenti sia il problema da risolvere che ci permette di entrare nella nostra nicchia di mercato perché i suoi componenti percepiscono il beneficio personale che il prodotto o servizio che offriamo gli genera.

Ma non dobbiamo comunque fermarci perché è fondamentale rimanere duttili nei confronti dei test di gradimento che effettueremo sul nostro progetto e non dobbiamo fossilizzarci troppo sulla prima struttura che gli abbiamo conferito ma essere sempre disposti a cambiarlo in base alle richieste e ai feedback che provengono da quello che abbiamo scelto come mercato di riferimento.

Concetto, quest'ultimo, fondamentale per qualsiasi tipologia di azienda, start up o meno, poiché chiunque opti per l'attività di impresa deve valutare costantemente, almeno una volta l'anno, il proprio progetto per implementarlo e modificarlo se i test effettuati sulla nostra nicchia di riferimento ne evidenziano la necessità.

Siamo passati, poi, alla I di ideare, dove abbiamo messo insieme l'idea, che ha già preso la prima forma tramite la prima fase del metodo, con l'azione, considerando come l'organizzazione aziendale, per tendere a una crescita esponenziale e senza limiti, non possa prescindere da alcune figure chiave che non devono necessariamente essere inserite come dipendenti bensì come collaboratori esterni ma che, comunque, sposino in pieno la filosofia e la concezione aziendale dell'imprenditore.

Si tratta del consulente fiscale (chi meglio di chi sta scrivendo!), del consulente legale (solo per inciso ti ricordo che è compreso nel pacchetto del nostro studio che non a caso ho pensato per i miei clienti presenti o futuri), l'area marketing, l'area vendite e l'area sviluppo prodotto.

Tutte queste aree devono tenere in grande considerazione la cosiddetta fan-base che altro non è che la parte di mercato che tramite le nostre sollecitazioni rappresentate da test, interviste e feedback vari ci permette di migliorare il nostro prodotto o servizio e, di conseguenza, di non interrompere mai la crescita della nostra azienda.

Tieni sempre a mente anche l'importanza di monitorare il rischio di impresa sin da subito attraverso quello che, sostanzialmente, diventa un manuale suddiviso nelle varie aree individuate ad hoc nella parte finale del capitolo quattro, dove arriviamo addirittura a prevedere e prevenire lo scenario peggiore che abbiamo ribattezzato "cigno nero".

Dopo tutto ciò, arriviamo alla C di Concretizzare intesa come l'insieme di tutti i passaggi pratici per costituire la nostra azienda e, quindi, inserirla sul mercato ma anche finanziarla, senza anticipare i tuoi soldi personali, per metterla in condizione di realizzare gli investimenti necessari.

Si parte quindi dall'individuare le varie forme giuridiche, con tutti i loro pregi e difetti, che il nostro diritto commerciale presenta per giungere a quella più adatta a te: la Società a responsabilità limitata semplificata (abbreviata in Srls) che ti consente, a costi di costituzione ridotti a poche centinaia di euro, di ottenere l'autonomia patrimoniale, meccanismo fondamentale previsto dal nostro ordinamento giuridico-economico, che permette che dei debiti contratti dalla Srls sia esclusivamente la Srls stessa a rispondere con conseguente protezione del patrimonio personale dell'imprenditore.

A questo punto è fondamentale strutturare l'organigramma della società nel modo corretto che ormai conosci per ridurre il più possibile il carico fiscale e ottenere, in non più di sessanta giorni dalla costituzione, i 35.000 euro dell'ormai celeberrimo microcredito attraverso il meccanismo dell'analisi di prefattibilità che ci dà una fortissima probabilità di esito positivo.

In ultimo, abbiamo la S di Sviluppare che rappresenta il modus operandi successivo alla costituzione, alla messa sul mercato e all'ottenimento del primo finanziamento che prevede la massimizzazione e la stabilizzazione del tuo profitto che si consegue destinando quante più risorse possibili, seppur sempre con un minimo di oculatezza, agli investimenti, perché poi questi moltiplicheranno il fatturato della tua azienda e quante meno risorse possibili a quelli che ho definito costi cattivi, che poi altro non sono che il carico fiscale previsto dalla normativa attuale.

Per ridurre le tasse il più possibile, ovviamente sempre nel reticolo della legalità, non possiamo prescindere dall'ottimizzazione fiscale che si dipana nelle tre principali categorie di imposte che un'impresa si trova di fronte: l'Iva, l'Ires e i contributi Inps.

Mentre per l'Iva possiamo andare a ridurne l'impatto determinando correttamente i prezzi dei nostri prodotti e/o servizi aggiungendo quest'imposta, e non comprendendola, a quello che è il corrispettivo che riteniamo contenga la copertura dei costi di produzione e un congruo margine di guadagno per l'azienda e prevedendo una pianificazione che ci permetta di accantonarla in via preventiva, per Ires e contributi Inps possiamo agire direttamente per ridurre i loro importi tramite i vari accorgimenti che ormai padroneggi come i rimborsi chilometrici, le indennità di trasferta e il welfare aziendale.

Ultimi due passaggi a completamento del nostro percorso sono le cosiddette procedure, vale a dire dei manuali più semplici e dettagliati possibili, che riguardino tutti gli aspetti dell'organizzazione aziendale da fornire ai collaboratori dei vari settori per ridurre al minimo il tempo necessario alla loro formazione e permetterti di monitorare la tua azienda in toto, e gli eventuali ulteriori finanziamenti, aggiuntivi e successivi al microcredito iniziale, che si renderanno indispensabili per portare la tua impresa, ormai matura e con un profitto massimizzato, a crescere ancora e rimanere sul mercato senza limiti di tempo.

Parliamo dei cosiddetti Business Angel che ti ho appena descritto nel precedente capitolo come figure, alle quali potrei condurti, disposte a investire la propria liquidità nella tua azienda, spesso anche per un tempo limitato, in cambio di una quota parte degli utili dalla stessa generati.

Beh, dopo quest'ultima ulteriore carrellata di riepilogo direi che siamo veramente giunti alla fine di questo lavoro tanto complesso quanto piacevole ed emozionante.

Spero innanzitutto ti sia stato d'aiuto per convincerti che anche tu puoi essere un imprenditore di successo, che anche tu puoi farcela sia se devi cominciare da zero sia se sei già presente sul mercato ma senti il bisogno di una svolta.

Non è il caso di attendere oltre, collegati a www.metodovics.it e approfondisci tutti gli aspetti trattati per iniziare a trasformare la tua idea in una storia imprenditoriale di successo.

Prima di non riuscire più a controllare l'emozione, vorrei ringraziare la mia squadra senza la quale ovviamente non sarei qui a scrivere questo manuale.

Spero di conoscerti e approfondire con te tutti gli aspetti del tuo business o della tua idea perché per me, come ti ho detto in apertura: *Il tuo successo, è il mio successo.*